Inhalt

Einleitung 2

Zeittafel 4

I. Das Entstehen von Städten 5
1. Historische und räumliche Voraussetzungen 5
2. Das Hervortreten der Stadt als Ort und Gemeinschaft mit Sonderrechten 14
3. Größe mittelalterlicher Städte 21

II. Die Bewohner der Städte 29
1. Differenzierung nach Beruf und Vermögen 29
2. Lebensverhältnisse einzelner Gruppen 33
3. Die „Freiheit" der Bürger 53

III. Die „Regierung" der Städte 57
1. Vom stadtherrlichen Regiment zur Selbstverwaltung der Bürger 57
2. Kampf um die Beteiligung der Zünfte am Stadtrat 62
3. Die Regelung des städtischen Lebens durch Stadtrechte 68
4. Alltag in der Stadt 81
5. Finanzhaushalt der Stadt 88

IV. Städte als Zentren der Wirtschaft 90
1. Handel und Gewerbe in der Stadt – eine Topographie 90
2. Wochenmärkte, Jahrmärkte, Messen und Warenbörsen 94
3. Handelsgüter und Handelswege 103
4. Zusammenschlüsse zur Hanse und zu Handelsgesellschaften 110
5. Geld- und Zahlungssystem 121

V. Städte des Reiches und Städte der Territorien 125
1. Städte als Reichsstände und Landstände 125
2. Politische Zusammenschlüsse von Städten 127

Literaturhinweise 130

Thematisches Stichwortregister 131

Einleitung

Städte begegnen uns in der Geschichte seit mehr als 5000 Jahren. Sie sind eine Erscheinung jeder größeren arbeitsteiligen Gemeinschaft und zugleich ein Gradmesser für deren jeweiligen Entwicklungsstand.
Wenn wir definieren wollen, was eine Stadt ist, merken wir, wie außerordentlich vielfältig ihre Erscheinungsformen waren und sind und welche großen Veränderungen sich im Laufe der Geschichte vollzogen haben. Das zeigt ein Vergleich der Tempelherrschaften Mesopotamiens mit antiken Städten um Königsburgen, von Ackerbürgerstädten bis zu Residenzstädten im Zeitalter des Absolutismus, von Kleinstädten bis zu Industriestädten und Weltstädten oder städtischen Zusammenballungen in Entwicklungsländern der Gegenwart. Wegen der großen Unterschiede in äußerer Erscheinung, Einwohnerzahl – von wenigen hundert bis zu vielen Millionen – und im Rechtsstatus müssen wir versuchen, den Begriff Stadt von der Funktion her zu bestimmen. Zu den kultischen, politischen und wirtschaftlichen Grundfunktionen kommen sekundäre Funktionen vor allem im Bereich der Versorgung hinzu. Daraus ergeben sich auch große Unterschiede im Maße der Verflechtung mit dem jeweiligen Umland, anderen Städten und dem internationalen Warenaustausch.
Die deutschen Städte des Mittelalters, mit denen sich dieses Quellenheft beschäftigt, nehmen in mehrfacher Hinsicht eine Sonderstellung ein. Nicht nur, daß sie im Verhältnis zu sehr vielen Städten in Geschichte und Gegenwart klein waren; sie waren auch Ansiedlungen eigenen Rechts, die ein hohes Maß von Selbständigkeit entwickelten. Ihr Recht beruhte auf einer Fülle von Privilegien, die ihnen vom König als Regalien verliehen worden waren. Begünstigende Privilegierungen bezogen sich z. B. auf das Recht, Markt zu halten oder Münzen zu prägen und auf die persönliche Rechtsstellung der Bürger. Diese Sonderentwicklung der deutschen Städte ist darauf zurückzuführen, daß in den germanischen Stammesgebieten zunächst kein Herrschafts- und Verwaltungssystem vorhanden war, das sich auf Städte stützte. Auch in den ehemals römischen Gebieten hatte sich keine wirksame städtische Tradition bis ins Mittelalter erhalten. Die Städte, die an Legionslager angelehnt waren oder die als regionale Verwaltungsmittelpunkte vor allem der Steuererhebung dienten, hatten nach der Völkerwanderung ihre Funktion verloren und existierten, wenn überhaupt, nur noch als Fragmente mit handwerklich und agrarisch tätigen Bewohnern.
Der Ursprung der deutschen Städte ist also zweifach: Zum einen waren sie in Anlehnung an machtpolitische, religiöse und wirtschaftliche Ausgangspunkte erwachsen; zum andern waren sie häufig Gründungen von weltlichen und geistlichen Fürsten, weil diese die Städte als Einnahmequelle und somit zur Steigerung ihrer wirtschaftlichen Macht nutzen wollten. Für beide Entstehungsarten ist die Erhebung in den rechtlichen Status einer Stadt, d. h. die Privilegierung, formal nötig gewesen.
In Deutschland nahmen Städte bis in die Neuzeit eine besondere Stellung ein. Der Historiker Otto Brunner hat in seinen strukturgeschichtlichen Untersuchungen betont, daß Stadt und Bürgertum jahrhundertelang *neben* Grund-

herrschaft und Adel sowie Dorf und Bauerntum existierten. Im Gegensatz dazu gab es in Rußland keine prinzipielle Trennung von Stadt und Land, in Italien wurden große Stadtrepubliken mit eigenen Landgebieten von einer kleinen Oberschicht regiert. Die große Zeit der mittelalterlichen deutschen Stadt – die Reichsstädte ausgenommen – fand ein Ende, als die Landesherren ihre Territorien ausbauten und die selbständigen Handelsaktivitäten ihrer Städte einschränkten. Das wird am Niedergang der Hanse deutlich. Die Bürger der Städte verloren ihre politische Selbständigkeit und wurden zu „Landeskindern", während die Stadtwirtschaft in großräumigen merkantilistischen Systemen aufging.

Das vorliegende Quellenheft führt mit seinem Arbeitsmaterial in gewisse typische Erscheinungen ein, die jedoch keineswegs für alle Städte in gleicher Weise zutreffen. Man soll sich vor allem einen Eindruck davon erarbeiten können, was zur Entstehung und Entwicklung von Städten beitrug, wer ihre Bewohner waren und wie diese ihr Leben gestalteten. Der „Bürger" in seiner rechtlichen und sozialen Sonderstellung soll ebenso anschaulich werden wie die Einbindung der Stadt und ihrer Bewohner in größere Zusammenhänge. Da sich viele Züge der mittelalterlichen Stadt bis in die Neuzeit erhalten haben, wird das 16. Jahrhundert in die Dokumentation gelegentlich mit einbezogen.

Viele Konflikte und Probleme der mittelalterlichen Stadt sind in abgewandelter Form auch heute zu finden. Deshalb kann die Beschäftigung mit der deutschen Stadt des Mittelalters dazu helfen, die Gegenwart durch Vergleich und Kontrast bewußter wahrzunehmen.

Die wichtigsten Quellen zur Stadtgeschichte sind bauliche Befunde, kaiserliche bzw. königliche Diplome für Privilegierungen, Stadtrechte mit laufenden Veränderungen und Ergänzungen (z. B. handelsrechtliche Fortentwicklungen), Bürgerlisten, Haushalts- und Steueraufzeichnungen, Zollisten und für die Bürger geführte notarielle Schuldenbücher. Dazu kommen vielseitige Archivalien privater Herkunft: Gesellschaftsverträge und Rechnungslegungen, Handelskorrespondenz und Testamente. Sehr bedeutsam sind auch individuelle oder allgemeine wirtschaftliche Vereinbarungen mit anderen Städten oder in- und ausländischen Fürsten; dies gilt besonders für den großen Komplex der Hanse. Um die Auswertung der Texte zu erleichtern bzw. im Rahmen der Schule überhaupt erst zu ermöglichen, sind sie größtenteils bereits übersetzt, in neueres Deutsch übertragen bzw. inhaltlich zusammengefaßt worden.

Zeittafel

1. Jh. n. Chr.	Erste Römerstädte im westlichen und südlichen Germanien
4.–8. Jh.	Niedergang der Städte als Folge der Völkerwanderungen
11. Jh.	Erste Auseinandersetzungen der städtischen Oberschicht, des Patriziats, mit den Stadtherren um Selbstverwaltungsrechte (Köln 1074)
11.–14. Jh.	Hauptzeit der Städtegründungen in Deutschland
11./12. Jh.	Erste Zünfte entstehen und sind trotz wiederholter Verbote nicht zu unterdrücken. Erste Kaufmannsgruppen (Hansen) in England – Zeit des romanischen Kirchenbaus
um 1160	Zusammenschluß deutscher Kaufleute, die Gotland besuchen
13. Jh.	Politik der Beschränkung städtischer Privilegien durch das Reich: Gesetze zugunsten der geistlichen und weltlichen Fürsten (1220, 1232)
1252–1253	Flandrische Privilegien für die deutschen Kaufleute
13. Jh.	Messen der Champagne werden zu Zentren des europäischen Handels
1254–1257	Erster Rheinischer Städtebund in der Zeit des Zusammenbruchs kaiserlicher Macht (Interregnum)
13.–15. Jh.	Zünfte erlangen Beteiligung an Stadträten, zum Teil auch die alleinige Leitung ihrer Stadt – Zeit des gotischen Kirchenbaus
14. Jh.	Pestepidemien; mehrere Wellen zwischen 1348 und 1349. Die Bevölkerungsverluste der Städte werden durch verstärkten Zuzug vom Lande relativ schnell ausgeglichen
1356	Erster allgemeiner Hansetag
14. Jh.	Blütezeit der Hanse. 1370: Hanse zwingt Dänemark zum Frieden von Stralsund
1367	Hans Fugger wandert nach Augsburg ein und wird 1386 „Erster Zunftmeister“ der Augsburger Weber
14. Jh. (2. H.)	Städtebünde: Schwäbischer 1376, 2. Rheinischer 1381, Sächsischer 1382
14./15. Jh.	Geldentwertungen
1451–1457	Letzte Handelssperre der Hanse gegen Flandern
1484	Fugger erhält eigene Kammern im Fondaco dei Tedeschi (Niederlassung der Deutschen) in Venedig
1488	Fugger-Beteiligung an der Breslauer Montangesellschaft der Thurzo; es folgen weitere Beteiligungen beim Abbau, Verhütten und Handel von Kupfer und Silber
1494	Schließung des Nowgoroder Kontors der Hanse durch Iwan III.
1519	Fugger finanziert die Wahl Karls V. zum Kaiser
1523	Monopolklage gegen Fugger durch Karl V. niedergeschlagen
1528	Konzessionen Karls V. für die Welser in Venezuela
1598	Schließung des Londoner Kontors der Hanse durch Königin Elisabeth
1669	Letzter Hansetag

I. Das Entstehen von Städten

1. Historische und räumliche Voraussetzungen

In der ersten Phase der Stadtentstehung kam es zu Ansiedlungen bei Bischofssitzen, Klöstern, Burgen oder Wiken, die für Handwerker und Kaufleute wirtschaftlich attraktiv waren und Sicherheit vor Feinden gewährten. Das geschah vor allem im Rhein-Donau-Bereich, an Königshöfen und günstig gelegenen Burgplätzen sowie an Flußübergängen. Diese Siedlungen hatten aber anfangs noch nicht den Rechtscharakter einer Stadt.
Vom 12. Jahrhundert an entstand als ein weiterer Stadttyp die Gründungsstadt: Der Willensentscheid eines Gründers führte zur regelrechten „Erschaffung" einer Stadt. Diese Städte waren für den Verkehr besonders günstig gelegen und sollten Kaufleuten und Handwerkern einen Wohnort bieten, dem Gründer als Stadtherrn neue Einkünfte erschließen. Mit der Zunahme des Fernhandels und dem damit verbundenen Entstehen von Jahrmärkten und Messen sowie mit dem Ausbau fester Residenzen erweiterten sich auch die Funktionen der städtischen Ansiedlungen.
Es folgen Beispiele für Städte unterschiedlichen Ursprungs.

Bischofsstadt

Straßburg (s. Abb. 1 u. 2) ist seiner Entstehung nach eine ehemalige Römerstadt und frühe Bischofsstadt. Die römische Siedlung „Argentorate" (Kastell: 500 x 400 Meter) wurde im 4. Jahrhundert Bischofssitz. Seit fränkischer Zeit war der Bischof Stadtherr.
Den gleichen Ausgangspunkt wie Straßburg hatten auch die anderen deutschen Bischofsstädte im ehemaligen römischen Grenzgebiet. Die Bischöfe hatten bei der Ausbildung der Stadtherrschaft eine gute Ausgangsposition, gerieten jedoch häufig in Konkurrenz zum König bzw. Kaiser. Auch an frühchristlichen Märtyrer- und Kultstätten im ehemaligen Römergebiet entstanden Städte wie Xanten oder Bonn.

Handelsstadt

Ausgangspunkte **Hamburgs** (s. Abb. 3) waren Burg, Wik und Missionskirche an einem Alsterübergang des Landweges Jütland-Elbübergang (bei Artlenburg).

Königliches Hofgut als Keimzelle einer Stadt

Nördlingen (s. Abb. 4) ist durch seinen Grundriß und die vielen gut erhaltenen Gebäude und Anlagen ein außerordentlich anschauliches Beispiel für eine mittelalterliche Stadt, die von einem königlichen Hofgut ausgegangen ist. 898 gelangte das Gut an den Bischof von Regensburg. 1215 brachte König Friedrich II. (die Titulatur richtet sich nach dem zur Zeit des jeweiligen Ereignisses geltenden Rang) die inzwischen zur Stadt entwickelte Siedlung an das Reich zurück. Nachdem die Stadt erheblich über den „Alten Graben" hinausgewachsen war, erteilte König Ludwig der Bayer den Befehl, die Vorstädte zu ummauern.

Burgstadt

Langenburg (s. Abb. 5 u. 6) wirkt modellhaft für eine Stadt, die in gedrängter Lage bei einer Burg entstanden ist. Die ersten urkundlichen Erwähnungen Langenburgs stammen aus den Jahren 1201 und 1226 („castrum et oppidum"). Die Privilegien einer Stadt erhielt Langenburg erst in der frühen Neuzeit, nachdem es 1568 Residenz der Grafen von Hohenlohe geworden war. 1576 bekam Langenburg ein Marktprivileg, das allerdings auch dann noch keinen wirtschaftlichen Aufschwung der Stadt brachte, als der Graf befahl, daß von jedem Dorf und Weiler im Bereich seiner Herrschaft sich eine bestimmte Anzahl Untertanen auf den Märkten in Langenburg einzufinden habe. Die Stadt war zunächst nur eine leicht befestigte Vorburg, die erst ab 1612 ummauert wurde. Die Bürgerschaft – um 1600 bestand sie aus 18 Familien – bewilligte ihrem Stadtherrn, der sich bis 1618 überwiegend als Oberst der Generalstaaten in den Niederlanden aufhielt, aber nur eine Hilfe von 250 Gulden, obwohl dieser versicherte, daß er nicht den Ruin der Stadt, sondern deren Sicherheit wolle (Vgl. Rudolf und Ingaruth Schlauch, Langenburg in Hohenlohe, 5. Auflage, Gerabronn 1972). Die Altstadt Langenburgs entspricht auch heute noch der mittelalterlichen Stadtanlage: Sie liegt auf schmalem, steil abfallendem Bergrücken, abgeschlossen durch Mauern und Stadttor, vor dem Schloß des Fürsten von Hohenlohe-Langenburg.

Gründungsstadt

Lübeck (s. Abb. 7) ist eine Gründungsstadt, bei der die ersten Bürger Heinrich dem Löwen gegenüber als Gründungskonsortium auftraten.

Entstehung einer Stadt aus Siedlungen verschiedenartigen Ursprungs

Hildesheim (s. Abb. 8) repräsentiert mit seinen verschiedenartigen Ausgangspunkten und Erweiterungen einen häufigen Typ der mittelalterlichen Stadt. An einer Furt der Innerste gab es vermutlich schon im 8. Jh. einen Fernhändlerwik. 815 erfolgte die Gründung des Bistums mit Domburg und Bischofsstadt; mehrere Klöster und Stifte folgten. Um 1000 erhielt der Wik Marktrecht („Alter Markt"). Anfang des 12. Jahrhunderts gründete der Bischof eine neue, durch eine eigene Mauer abgeschlossene selbständige Stadt mit Marktplatz, Rathaus, Pfarrkirche und Hospital. 1220 kam es durch den Dompropst zu einer weiteren Stadtgründung; dabei wurde die erste Stadt zur „Altstadt". Die auf der linken Innersteseite gelegene, ebenfalls durch Tore und Gräben umgebene „Dammstadt" wurde 1332 von den anderen Hildesheimer Bürgern als lästige Konkurrenz vollständig zerstört – diese Stadt war seit 1196 vom Moritz-Stift entwickelt worden, um einen Teil des vom Westen her einfließenden Handelsstromes abzuschöpfen. Erst Ende des Mittelalters wurde eine Befestigung gebaut, die alle Teile zusammenfaßte.

Erhebung eines Dorfes in den Rechtsstand einer Stadt

Städte des Mittelalters sind im allgemeinen aus eigener Wurzel entstanden. Erhebungen von Dörfern zu Städten waren Ausnahmen.

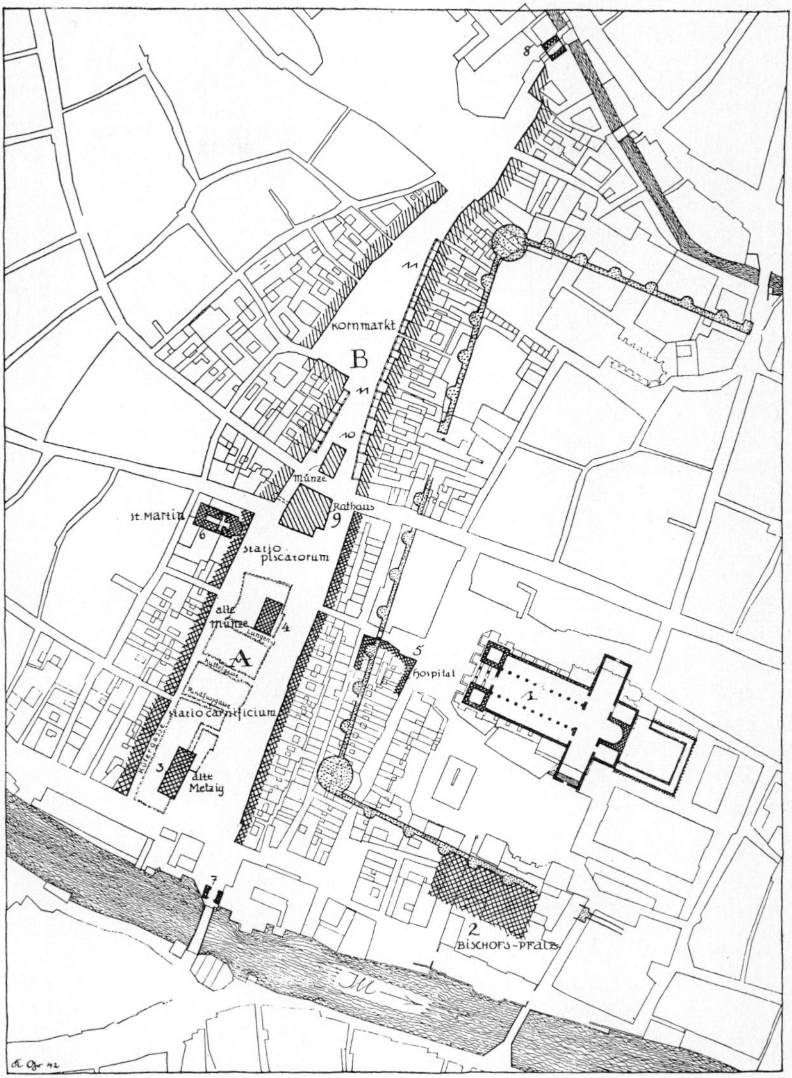

A *Der alte bischöfliche Markt X.—XII. Jahrhundert*

B *Der bürgerliche Markt nach errungener Stadtfreiheit Ende XIII. Jahrhundert*

Abb. 1: Der bischöfliche und bürgerliche Markt von Straßburg.

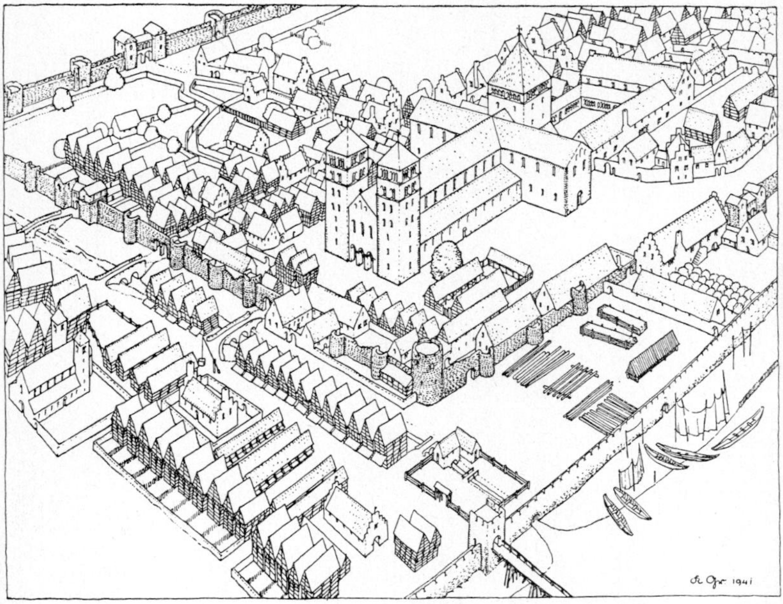

Abb. 2: Vogelschau. Straßburg um 1100.

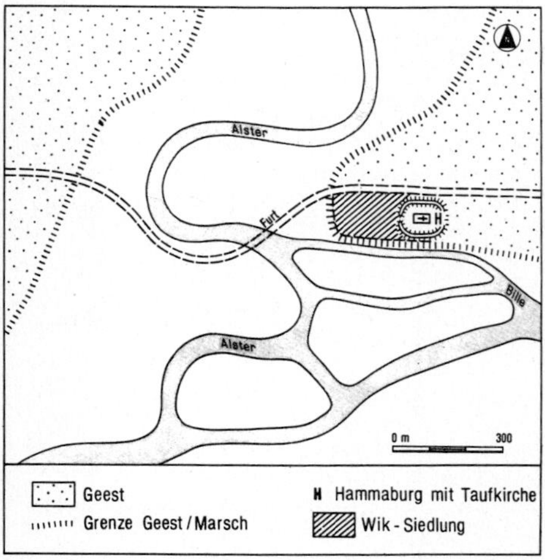

Abb. 3: Hamburg. Topographie um 840.

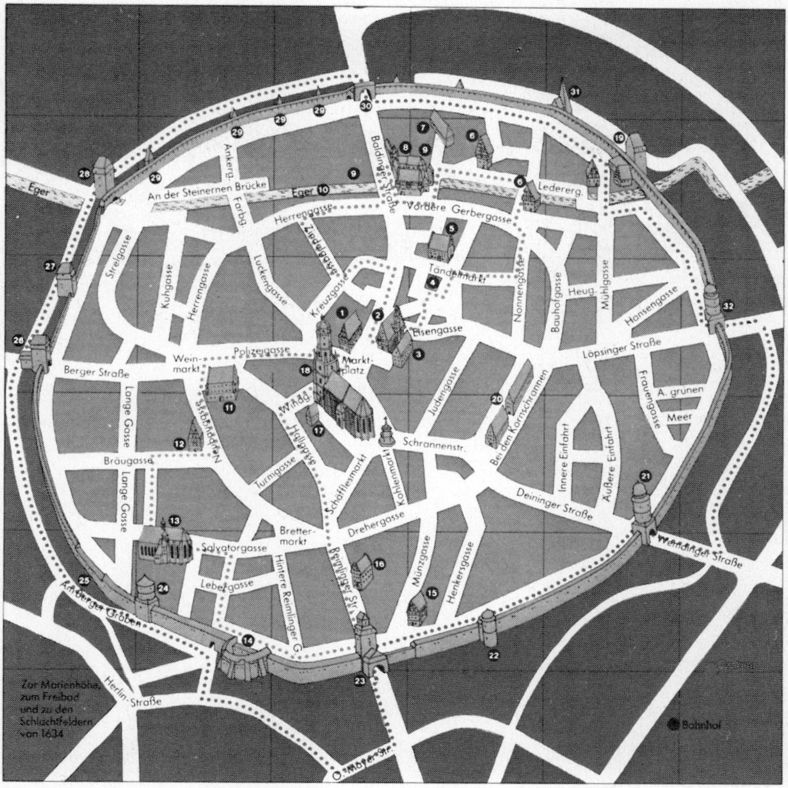

Abb. 4: Nördlingen.
1 Tanzhaus und Hohes Haus – 2 Rathaus – 3 Leihhaus – 4 Kürschner- oder Hafenhaus (1955 abgebrannt) – 5 Klösterle, einst Barfüßerkirche – 6 Gerberhäuser – 7 Holzhof – 8 Stadtmuseum – 9 Spitalhof – 10 Roßwette (alte Pferdetränke) – 11 Hallgebäude – 12 Winter'sches Haus – 13 Herrgotts- oder Salvatorkirche (einst Karmeliterkloster) – 14 Alte Bastei – 15 Münzhaus – 16 Ellinger Haus (Kastenhaus des Deutschen Ordens) – 17 Pfarrgasse – 18 St. Georgskirche – 19 Neumühle und Unterer Wasserturm – 20 Kornschranne – 21–32 Tore und Befestigungstürme.

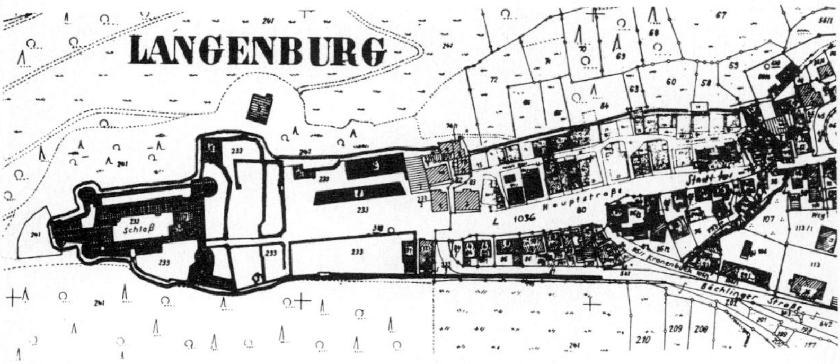

Abb. 5: Langenburg, Grundriß der heutigen Altstadt. Ausschnitt aus einer modernen Flurkarte.

Abb. 6: Langenburg nach Matthäus Merian, 17. Jh.

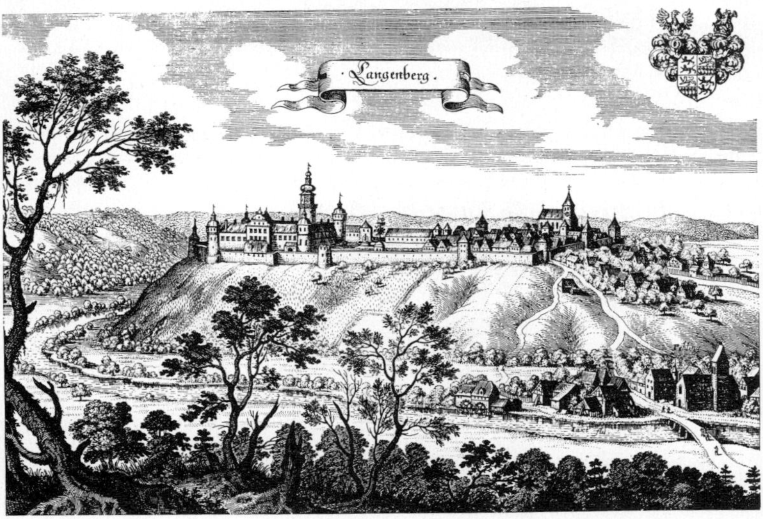

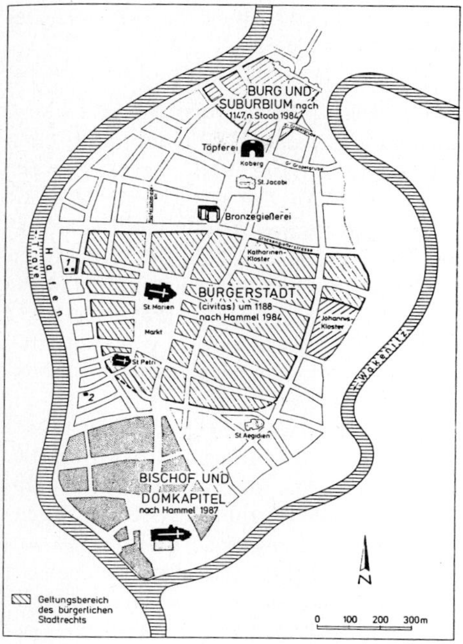

Abb. 7: Lübeck. Rekonstruktion des Siedlungsbildes vor 1180.

Abb. 8: Hildesheim.

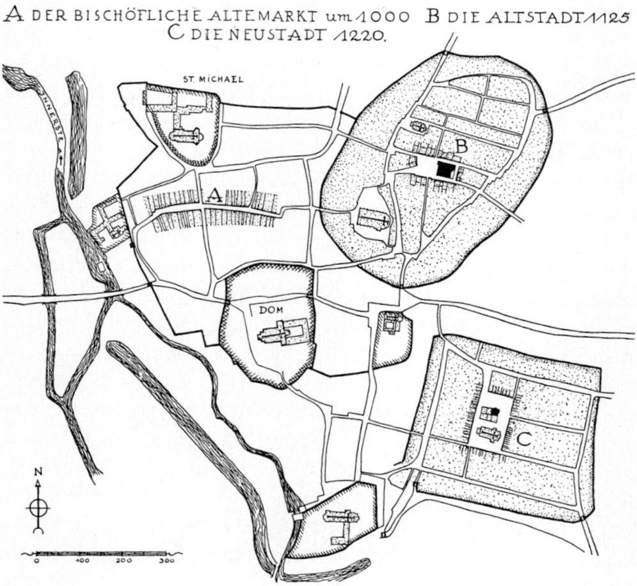

1 Bericht des Pfarrers Helmold von Bosau (Holstein) über die Gründung der Stadt Lübeck (Slawenchronik, um 1171 abgeschlossen):

Danach kam Graf Adolf (Graf von Holstein, Vasall Heinrichs des Löwen) an einen Ort namens Bukow und fand dort den Wall einer verlassenen Burg, die Kruto, der Feind Gottes, erbaut hatte, und eine sehr große, von zwei Flüssen umrahmte (Halb)insel. An der einen Seite floß die Trave, an der anderen die Wakenitz vorbei, beide mit sumpfigem, unwegsamem Ufer. Dort aber, wo sie landfest ist, liegt ein ziemlich schmaler Hügel, der dem Burgwall vorgelagert ist. Da nun der umsichtige Mann sah, wie passend die Lage und wie trefflich der Hafen war, begann er dort eine Stadt zu bauen und nannte sie Lübeck, weil sie von dem alten Hafen und Hauptort, den einst Fürst Heinrich angelegt hatte, nicht weit entfernt war. . . .

Eines Tages (1152) sprach der Herzog (von Sachsen, Heinrich der Löwe) den Grafen mit den Worten an: „Schon seit geraumer Zeit wird uns berichtet, daß unsere Stadt Bardowick durch den Markt von Lübeck zahlreiche Bürger verliert, weil die Kaufleute alle dorthin übersiedeln. Ebenso klagen die Lüneburger, daß unsere Saline zugrunde gerichtet sei wegen des Salzwerks, das ihr zu Oldesloe angelegt habt. Darum ersuchen wir euch, uns die Hälfte eurer Stadt Lübeck und des Salzwerks abzutreten, damit wir die Verödung unserer Stadt leichter ertragen können. Sonst werden wir verbieten, daß weiter zu Lübeck Handel getrieben wird. Denn wir können es nicht hinnehmen, daß um fremden Vorteils willen unser väterliches Erbe Schaden leidet.“ Als nun der Graf ablehnte, da ihm solche Übereinkunft unvorteilhaft schien, verordnete der Herzog, daß zu Lübeck kein Markt mehr stattfinden und keine Gelegenheit zu Kauf und Verkauf mehr sein dürfe, außer für Lebensmittel. Die Waren befahl er nach Bardowick zu überführen, um seiner Stadt aufzuhelfen. . . .

Um jene Zeit (1157) wurde die Stadt Lübeck von einer Feuersbrunst verzehrt, und die Kaufleute und übrigen Einwohner schickten zum Herzog und ließen sagen: „Lange schon dauert es, daß der Markt zu Lübeck auf euren Befehl verboten ist. Wir sind zwar bisher in der Stadt geblieben, da wir hofften, den Markt durch euer gnädiges Wohlwollen zurück zu bekommen, und uns auch nicht entschließen konnten, unsere mit großen Kosten errichteten Gebäude zu verlassen; nachdem nun aber unsere Häuser verbrannt sind, erscheint es sinnlos, an einem Orte wieder aufzubauen, wo kein Markt sein darf. Gib uns also Raum für die Gründung einer Stadt an einem Orte, der dir genehm ist.“ Daraufhin bat der Herzog den Grafen Adolf, ihm Hafen und Werder in Lübeck abzutreten. Das wollte dieser nicht tun. Da errichtete der Herzog eine neue Stadt jenseits der Wakenitz, nicht weit von Lübeck, im Lande Ratzeburg, und begann zu bauen und zu befestigen. Und er nannte sie nach seinem Namen „Löwenstadt“ (Lewenstad), also Stadt des Löwen. Weil dieser Platz aber sowohl für einen Hafen wie für eine Festung wenig günstig und nur mit kleinen Schiffen erreichbar war, nahm der Herzog die Verhandlungen mit dem Grafen Adolf über Werder und Hafen von Lübeck nochmals auf und versprach viel, falls er seinem Wunsche nachgebe. Endlich gab der Graf nach, tat, wozu die Not ihn zwang, und trat ihm Burg und Werder ab. Alsbald kehrten auf Befehl des Herzogs die Kaufleute freudig zurück, verließen die ungünstige neue Stadt und begannen, Kirchen und Mauern der Stadt wieder aufzurichten. Der Herzog aber sandte Boten in die Hauptorte und Reiche des Nordens, Dänemark, Schweden, Norwegen und Rußland, und bot ihnen Frieden, daß sie Zugang zu freiem Handel in seine Stadt Lübeck hätten. Er verbriefte dort auch eine Münze, einen Zoll und höchst ansehnliche Stadtfreiheiten.

Deutsche Übersetzung der lateinischen Chronik aus: Ausgewählte Quellen zur Deutschen Geschichte des Mittelalters, hg. v. R. Buchner, Bd. XIX, Helmold von Bosau, Slavenchronik, übertragen u. erläutert v. H. Stoob, Darmstadt 1963, S. 212 f., 265, 303.

Erhebung Turckheims (westlich Colmar) zur Stadt. Urkunde König Heinrichs VII., 1312: **2**

Heinrich, von Gottes Gnaden Römischer König, allzeit Mehrer des Reiches, entbietet allen Getreuen des heiligen Römischen Reiches, die gegenwärtige Urkunde einsehen werden, seine Huld und alles Gute. Unsere Hoheit erachtet es als angemessen, daß diejenigen, die sich Uns durch größere Dienste ihrer Treue und Ergebenheit empfehlen, es auch verdienen, reichere Gaben Unserer Wohltätigkeit und Gnade davonzutragen.

So kommt es, daß Wir – in Anbetracht der Taten wahrer Ergebenheit und Treue, durch welche die klugen Männer des Dorfes zu Türkheim, Unsere lieben Getreuen, Uns und das Reich beständig ehren, – und ihren ergebenen Bitten geneigt – ihnen aus der Huld besonderen Wohlwollens gestatten, dieses Unser Dorf Türkheim zu einer Stadt einzurichten und auch mit Mauern und Grabenwerk zu umgeben. Nachdem dann diese Stadt erbaut sein wird, befreien Wir sie aufgrund Unserer königlichen Güte und gewähren ihren Leuten dieselben Freiheitsrechte, deren sich Unsere Stadt Colmar bislang erfreut hat. Ferner glaubten Wir, das Wohl des Gemeinwesens Uns vor Augen führend, in dieser so erbauten Stadt einen Wochenmarkt für jeden Mittwoch verkünden zu sollen. Dabei wollen Wir und befehlen durch gegenwärtigen Erlaß, daß alle samt und sonders, die zum Handel, zu Kauf und Verkauf auf diesem Markt zusammenströmen, sich mit Personen und Sachen beim Aufenthalt und Rückweg des Schutzes von Uns und dem Reich sowie des Privilegs der Marktfreiheiten erfreuen.

Zur Hilfe für die neugegründete Stadt bewilligte Kaiser Heinrich 1315 „ut ungeltum civitatis Durenkem in fortificationem et edificationem ipsius civitatis convertatis" [die Verwendung der Steuern für die Befestigung].

Quellen zur Verfassungsgeschichte des Römisch-Deutschen Reiches im Spätmittelalter (1250—1500), ausgewählt und übersetzt von Lorenz Weinrich, Darmstadt 1983, S. 243.

2. Das Hervortreten der Stadt als Ort und Gemeinschaft mit Sonderrechten

Die wichtigste Voraussetzung für die Erhebung einer städtischen Ansiedlung zur Stadt im Rechtssinne war die Erlaubnis, daß hier Handel in einem bestimmten Rahmen stattfinden durfte. Zu diesen ortsgebundenen Zugeständnissen kamen weitere Bestimmungen, die sich auf die persönliche Rechtsstellung, die Sicherheit sowie die innerstädtische und auswärtige Berufsausübung der Stadtbewohner bezogen. Es waren Rechte, die jeweils nur einem bestimmten Ort und seinen Bewohnern zugesprochen wurden. Daher war keine Stadt der anderen gleich, es kam immer darauf an, über welche der möglichen Rechte sie verfügte und wie diese aktiviert wurden.
Infolge dieser Privilegierungen definiert sich eine Stadt zunächst einmal als ein wirtschaftliches Gebilde, eine Zone wirtschaftlicher Sonderrechte. Dies kennzeichnet die erste Phase jeder Stadtgeschichte. Gleichzeitig formierten sich die Bewohner zu einer sozialen Einheit, wobei sie sich sehr früh stufenweise aus der Hörigkeit lösten, soweit sie nicht schon Freie waren.

3 **Verleihung von Markt, Münze, Zoll und Gericht.** Aus einer Urkunde König Ottos III., 990:

Im Namen der heiligen und ungeteilten Dreifaltigkeit. Otto, durch das Walten von Gottes Gnaden König.
Es möge der frommen Ergebenheit aller Unserer Getreuen, der gegenwärtigen wie der zukünftigen, offenkundig sein: Aus Liebe und auf Bitten Unserer geliebten Mutter Theophanu, also der erhabenen Kaiserin, und Unserer lieben Schwester, der Nonne Sophia [1], sowie auch aufgrund frommer Fürsprache Unserer geliebten Tante Gerberga [2], der hochwürdigen Äbtissin des Klosters Gandersheim, die Unserem Vater seligen Angedenkens, dem erhabenen Kaiser Otto, und Uns recht häufig ergebenen Dienst geleistet hat – haben Wir dem Kloster, das sie leitet, und ihr selbst verliehen, aufgrund einer Erlaubnis Unserer königlichen Macht in dem Ort namens Gandersheim, der ihrer Verfügung untersteht, Markt und Münze einzurichten und zu besitzen sowie künftig den Zoll dort zu erhalten. Damit aber unter der Herrschaft des genannten Klosters und dieser oben genannten Äbtissin, die jetzt dort gebietet, und derer, die ihr in künftigen Tagen dort folgen, der genannte Markt mit Münze und Zoll Bestand hat, haben Wir dorthin Unsere königliche Banngewalt ge-

geben, so daß jede Rechtssache, die sich an diesem Ort gegen Recht und Gesetz erhebt, durch eine Verfügung der Äbtissin, die jeweils über dieses Kloster Gandersheim waltet, dadurch, daß sie Unsere königliche Banngewalt in ihre Hände empfangen, geschlichtet und rechtmäßig geahndet wird; und niemand, weder eine höhere noch niedere richterliche Person, soll künftig in diesem Ort irgendwelche Befugnisse haben zur Ausübung irgendwelchen Rechts, es sei denn die gegenwärtige Äbtissin und ihre künftigen Nachfolgerinnen sowie derjenige, den sie zu diesem Amt und Dienst erwählen und als Vogt einsetzen. Dazu wollen Wir auch und gebieten kraft königlicher Gewalt, daß die Handelsleute und Einwohner dieses Ortes nach demselben Recht leben wie die übrigen Kaufleute von Dortmund und anderen Orten, ohne Widerspruch jeglicher neidischer Menschen.

Quellen zur deutschen Verfassungs-, Wirtschafts- und Sozialgeschichte bis 1250, ausgewählt und übersetzt von Lorenz Weinrich, Darmstadt 1977, S. 69, 71.

[1] Schwester Ottos III., 1002–1039 Äbtissin v. Gandersheim, ab 1011 auch v. Stift Essen, † 1039

[2] 959–1001 Äbtissin, Schwester Heinrichs d. Zänkers, Base Ottos II

Abb. 9: Münzprivileg: Die Münzprägung wurde als ein sehr einträgliches Regal zunächst fast ausschließlich geistlichen Herrschaften verliehen. Pfennig aus der Münzstätte Gandersheim (2. Hälfte des 12. Jh. gefunden) in Kleinvach bei Eschwege an der Werra; 0,78 g).

Abb. 10: Marktfrieden. Das Marktkreuz in Trier als Sinnbild des Marktfriedens.

4 **Gerichtsbarkeit bei Jahrmärkten und Wochenmärkten.** Urkunde König Friedrichs II., 1218:

Friedrich, von Gottes Gnaden Römischer König, allzeit Mehrer des Reiches, und König von Sizilien, entbietet allen seinen Getreuen, die gegenwärtiges Schriftstück einsehen, seine Huld und alles Gute.
Wir verkünden euch, daß folgender Spruch in Unserer Gegenwart durch die Fürsten und Großen des Reiches ergangen ist: Wenn Wir einem durch Unser Privileg einen Jahrmarkt oder Wochenmarkt an einem Ort verliehen haben, so darf kein Graf oder sonstiger Richter dieses Landes dort Gerichtsbarkeit oder irgendwelche Verfügungsgewalt haben, um Verbrechen zu bestrafen. Wenn aber etwa ein Räuber oder Dieb oder sonst ein Verbrecher zum Tode verurteilt werden muß, so soll er dem Grafen oder Landrichter für diesen Ort überstellt werden zur Vollstreckung des gegen ihn verhängten Urteils.
Gegeben zu Wimpfen, am 22. Juli, in der 6. Indiktion.

Quellen zur deutschen Verfassungs-, Wirtschafts- und Sozialgeschichte bis 1250, a. a. O., S. 375, 377.

5 **Die Rechte Lübecks als Reichsstadt, 1226:** Nach dem Sturz Heinrichs des Löwen erhielt Lübeck von Kaiser Friedrich I. 1181 eine Bestätigung und 1188 eine bedeutende Erweiterung der städtischen Privilegien; 1226 gewährte Kaiser Friedrich II. die reichsunmittelbare Stellung. Das Lübecker Stadtrecht ist eine auf den Seehandel bezogene Weiterentwicklung des Stadtrechts von Soest (vgl. Q. 56); es ist von vielen Städten des Ostseeraumes übernommen worden (vgl. Abb. 25).

... es möge allen gegenwärtigen und zukünftigen Getreuen des Reiches folgendes kundgemacht werden: Die reine Treue und aufrichtige Ergebenheit vor Augen, die alle Lübecker Bürger, Unsere Getreuen, gegen Unsere Hoheit, wie man weiß, so lobenswert hegen, – auch im besonderen Hinblick auf die recht bedeutenden und willkommenen Dienste, die sie Uns und dem Reich stets getreulich zu leisten bemüht waren und die sie Uns in Zukunft immer noch besser werden leisten können, schließlich in dem Willen, ihnen als verdienten Leuten in hochherziger Gebefreudigkeit entgegenzukommen –, überlassen Wir ihnen und setzen fest, die oben genannte Stadt Lübeck solle stets frei sein, d. h. sie solle eine unmittelbare Stadt, ein Ort des Reiches sein und unmittelbar der kaiserlichen Herrschaft unterstehen, wobei sie niemals von dieser unmittelbaren Herrschaft getrennt werden soll; ferner bestimmen Wir, daß immer dann, wenn zur Leitung dieser Stadt vom Reich ein Amtmann eingesetzt wird, zu diesem Amt nur jemand berufen werden soll, der aus den benachbarten und angrenzenden Orten dieser Stadt stammt, und zwar in der Weise, daß die Burg namens Travemünde von diesem Amtmann gleichfalls befehligt wird.
Ferner: in dem Willen, das Gebiet der Stadt unter Unserer glücklichen

Herrschaft zu vergrößern und zu erweitern, fügen Wir ihrem Gebiet hinzu und gewähren, daß diese Stadt fortan folgendes Gebiet innehat: vom Bach Padelügge bis zur Trave, und vom Bach Padelügge aufwärts, entsprechend der dort festgelegten Grenze, bis zum Bach bei Krempelsdorf, dann bis zum Drögen Vorwerk und von dort bis zur Trave [1].

Wir gewähren den genannten Bürgern auch, daß von keinem von ihnen in Oldesloe Zoll gefordert werden soll. Überdies gewähren Wir ihnen, daß sie in der Stadt eine Münze mit Unserem Namenszug herstellen und prägen dürfen, welche zeit des Lebens von Uns und von Heinrich, dem erlauchten Römischen König, Unserem hochgeliebten Sohn, gleicherweise gelten soll; und dafür sollen sie alljährlich an Unseren Hof sechzig Mark Silber abführen. Wenn dann aber in Zukunft ein neuer Nachfolger kommt, so soll unter gleichem Zins und gleichem Recht die Münze erneuert werden und während dessen Lebenszeit gültig sein; und in der Weise soll, so verordnen Wir, mit der Münze jeweils von Nachfolger zu Nachfolger wie oben angegeben verfahren werden. Obendrein verordnen Wir und gewähren ihnen, daß weder Wir noch einer Unserer kaiserlichen Nachfolger von ihnen Geiseln fordern darf; vielmehr soll man sich in der Bewahrung der Treue gegenüber dem Reich mit deren bloßem Schwur begnügen und ihm Vertrauen entgegenbringen.

Alle getreuen Kaufleute sollen außerdem, wenn sie um ihrer Geschäfte willen über Land oder zur See in die Stadt kommen, stets unbehelligt kommen und gefahrlos abreisen, wenn sie nur die gehörige Rechtsabgabe zahlen, zu der sie verpflichtet sind. Außerdem befreien Wir die genannten Lübecker Bürger, wenn sie nach England fahren, von der sehr mißbräuchlichen und belastenden Abgabe, die, wie es heißt, die Leute von Köln und Tiel [2] und deren Genossen gegen sie ausgeheckt haben, und tilgen diesen Mißbrauch gänzlich; vielmehr sollen sie nach Recht und Stand leben wie die Leute von Köln und Tiel und deren Genossen. Auch verleihen Wir ihnen die Insel gegenüber der Burg Travemünde namens Priwall zu künftigem Besitz nach Stadtrecht, dem sogenannten „Weichbild“. Ferner wollen und bestimmen Wir, es möge streng beachtet werden, daß kein hoher oder niederer Geistlicher oder Laie sich irgendwann herausnimmt, eine Befestigung zu bauen oder eine Burg an der Trave, flußaufwärts von der Stadt bis zur Quelle des Flusses, und flußabwärts von der Stadt bis zum Meer, und auf beiden Ufern auf zwei Meilen; und ganz strikt verbieten Wir, daß irgendein auswärtiger Vogt sich herausnimmt, innerhalb der Grenzen der Stadt die Vogtei auszuüben und Recht zu sprechen.

Und weil Wir die Bürger in Zukunft vor allen schlimmen und ungebührlichen Auflagen schützen wollen, verbieten Wir streng, daß irgendwo im ganzen Herzogtum Sachsen die „Ungeld“ genannte Abgabe von ihnen erhoben oder eingefordert wird. Außerdem soll sich kein Fürst, Herr oder Adliger der angrenzenden Landschaften herausnehmen, zu verhindern, daß das Lebensnotwendige von überallher in die Stadt Lübeck gebracht wird, sei es von Hamburg, von Ratzeburg, von Wittenburg [3], von Schwerin oder auch aus dem ganzen Lande Borwins [4] und seines Sohnes; und über diese Länder hinweg und in diesen Ländern darf jeder Lübecker Bürger, reich oder arm, ohne Behinderung kaufen und verkaufen. Weiter verbieten Wir streng, daß ein höherer oder niederer Geistlicher oder Laie irgend jemandem Geleit in diese Stadt gewährt, daß dieser sich dann nicht etwa vor Gericht zu verantworten brauchte, wenn einer ihn belangt. Wir wollen überdies und befehlen nachdrücklich, daß, wann und wo im ganzen Reich diese Bürger in Zukunft einen Schiffbruch erleiden, ihnen all das, was sie von ihrer Habe aus solcher Gefahr retten können, ohne jede Behinderung und ohne Einspruch gänzlich überlassen wird. Wir verleihen ihnen ferner den Grund und Boden außerhalb von Travemünde, neben dem Hafen, wo man das Hafenzeichen hält; dabei geben Wir ihnen die Befugnis, den Grund und Boden frei zu Nutzen und Vorteil der Stadt Lübeck zu verwenden. Aus der Überfülle Unserer Gnade verleihen und bestätigen Wir ihnen für immer und ewig ihre Rechte, alle guten Bräuche und guten Gewohnheiten, die sie von den Zeiten Kaiser Friedrichs, Unseres Großvaters seligen Angedenkens, bis jetzt nachweislich besessen haben. Dabei setzen Wir fest und verfügen kraft dieser Urkunde nachdrücklich, daß kein niederer oder höherer Geistlicher oder Laie es wagen soll, die schon genannten Lübekker Bürger, Unsere Getreuen, in all dem oben Genannten in frevelhaftem Unterfangen zu behindern oder zu belästigen. Wer das wagen sollte, der wisse, daß er zur Strafe für seine Freveltat Unserer Ungnade und der Strafe von fünfhundert Pfund reinen Goldes verfällt, wovon die Hälfte Unserer Kammer, die andere Hälfte denen, die das Unrecht erlitten haben, zu zahlen ist.

Quellen zur deutschen Verfassungs-, Wirtschafts- und Sozialgeschichte bis 1250, a. a. O., S. 413, 415, 417.

[1] Linie 4–2 km südwestl. bis nördl. von Lübeck — [2] Ort an der Waal westl. Nymwegen — [3] südöstl. Ratzeburg — [4] Heinrich Borwin I., 1178–1227 Hz. v. Mecklenburg

6 Übertragung von Regalien auf den Deutschen Orden. Aus einer Urkunde Friedrichs II., 1226:

Es soll ihnen darüber hinaus erlaubt sein, im ganzen Land ihrer Erwerbung, das sie sich bereits verschafft haben oder noch verschaffen werden, zu Nutzen des Ordenshauses Fährabgaben, Maute und Zölle zu erheben, Wochen- und ständige Märkte anzusetzen, Münzen zu prägen, Steuern und andere Rechtspflichten zu gebieten, Erhebungen zu Lande, an Flüssen und auf dem Meer, wie sie es als nützlich ansehen, festzulegen, Gruben und Bergwerke für Gold, Silber, Eisen und sonstige Metalle sowie für Salz, die es derzeit gibt oder noch gefunden werden in ihren Ländern, für immer und ewig zu besitzen und innezuhaben. Darüber hinaus gewähren Wir ihnen, Richter und Vorsteher zu wählen, die das ihnen unterstellte Volk (und zwar die bereits Bekehrten, wie all die anderen, die in ihrem Götzendienst verharren) gerecht richten und lenken und Untaten der Verbrecher ahnden und bestrafen, entsprechend den Anforderungen der Rechtsordnung; außerdem sollen sie Zivilfälle und Strafsachen anhören und entscheiden nach rechtschaffener Erkenntnis. Wir fügen ferner aus Unserer Huld noch hinzu, daß dieser Hochmeister und seine Nachfolger in ihren Ländern ebenfalls die Gerichtsbarkeit und Amtsgewalt haben und ausüben sollen, die jeder andere Reichsfürst bekanntlich bestens in dem Lande, das er hat, besitzt, daß sie also gute Bräuche und Gewohnheiten einführen, Assisen und Gebote bestimmen können, durch welche die Treue der Gläubigen gestärkt werden kann und sich all ihre Untertanen unangefochtenen Friedens erfreuen dürfen und ihn nutzen können.

Quellen zur deutschen Verfassungs-, Wirtschafts- und Sozialgeschichte bis 1250. a. a. O., S. 409.

Privileg für Nürnbergs Handel mit Polen. Aus einer Urkunde König Kasimirs des Großen von Polen, 1365: **7**

Alle, die es angeht, mögen wissen, daß Wir, Kasimir, von Gottes Gnaden König von Polen sowie Herr und Erbe der Lande Krakau, Sandomir, Sieradz, Leczyca, Kujawien, Pommerellen und Rotreußen – weniger auf Unser, um so sorgsamer aber auf Glück und Wohlergeben Unseres Reiches und anderer Menschen, die es durchziehen, bedacht, und zumal auf dringenden Wunsch und Verlangen des unbesiegbaren Herrschers Karl, des Römischen Kaisers, Unseres hochgeliebten Bruders und Schwiegersohns, – von nun an allen und sämtlichen Bürgern und Kaufleuten von Nürnberg und all denen, die dort wohnen und Handel treiben wollen, aus Unserer besonderen Gunst heraus vom heutigen Datum an für die folgenden zwanzig Jahre die völlige Freiheit geben und gewähren, durch alle Orte Unseres Königreichs und besonders über die Stadt Krakau in die reußischen Lande bis Lemberg zu ziehen, [überall] zu bleiben, Handel zu treiben und allen Vorteil wahrzunehmen und wieder in die Heimat zurückzukehren, allerdings nur bei Benützung der altgewohnten Straßen, gegen Entrichtung der von alters her üblichen Zölle und mit der Einschränkung, daß jene Kaufleute aus Nürnberg beim Groß- und Kleinhandel in der Stadt Krakau und überall sonst in Unserem schon genannten Königreich die dort allgemein umlaufende Münze annehmen müssen.

Quellen zur Wirtschafts- und Sozialgeschichte mittel- und oberdeutscher Städte im Spätmittelalter, ausgewählt und übersetzt von Gisela Möncke, Darmstadt 1982, S. 229, 231.

8 Stapel- und Meilenprivileg. Aus einer Urkunde König Ottokars II. von Böhmen für die Stadt Brüx, 1273:

Wir, Ottokar, von Gottes Gnaden König von Böhmen, wollen, es möge durch den Wortlaut dieser Urkunde allen, den Jetzigen wie den Zukünftigen, bekannt werden, daß Wir in dem Wunsch, für Unsere Städte umsichtig und gut zu sorgen, so daß sie zu Unseren Lebzeiten mit Gottes Gunst an Glück und Wohlergehen gewinnen mögen, geglaubt haben – damit Unsere Stadt Brüx unter Unserer glückbringenden Regierung Zuwachs nehme –, den Bürgern dieser Stadt gnädig folgende Vergünstigungen gewähren zu sollen: Die Straße durch den Wald über Wartha oder Muta [1] sowie alle übrigen Wege, die innerhalb eines Umkreises von zwei Meilen jetzt bestehen oder künftig angelegt werden, sollen nach dieser Unserer Stadt Brüx führen; und in ihr soll eine Niederlage für Getreide, Tuche, Salz und sonstige Handelsgüter errichtet werden; dabei wollen Wir und ordnen aufgrund dieses Privilegs fest an, daß alle – mit Ausnahme der Bürger und Leute aus Unseren anderen Städten – gehalten sind, dort den Zoll zu entrichten, wenn sie über Wartha oder auf irgendeinem anderen Weg in die Zwei-Meilen-Zone kommen und Waren mit sich führen, daß sie in die besagte Stadt ziehen, die Kaufmannswaren in ihr niederlegen und sie zwei Tage lang ausliegen lassen sollen; wenn sie sie in diesen zwei Tagen verkaufen, um so besser! Wenn sie die Ware aber innerhalb dieser Zeit nicht verkaufen können, sollen sie das volle und ungeschmälerte Recht haben, sie dann beliebig anderswohin zu bringen.

Um das Maß überreicher Gnade vollzumachen, verbieten Wir mit diesem Privileg ernstlich und wollen vielmehr, daß künftig in jeder Hinsicht darauf geachtet werde, daß weder am See noch in allen übrigen Dörfern, die Brüx innerhalb einer Meile [2] umgeben, Malz bereitet wird, Bier gebraut wird, daß dort keine Handwerker tätig werden und daß keinerlei Handelsgeschäfte mit Getreide, Tuchen oder Salz in diesen Dörfern, eine Meile um Brüx herum, abgeschlossen werden dürfen; Wir wollen vielmehr, daß solche Handwerker nur in der vorgenannten Stadt ihr Gewerbe ausüben und daß nur dort derlei Handelsgeschäfte mit den genannten Waren getätigt werden sollen, nur mit der Einschränkung, daß am See und in Georgenthal Brot, Fleisch und Bier verkauft werden können und daß in Kopitz eine Schmiede und eine Schänke in Betrieb sein dürfen. Alle Schänken am See, in Georgenthal und Kopitz müssen aber ihr Bier aus der genannten Stadt beziehen. Wir verbieten auch, daß sich die Bauern, die in den Meilendörfern wohnen, unterfangen, Getreide zum Verkauf über den Wald oder sonstwie außer Landes zu schaffen; vielmehr sollen sie das Getreide, das sie verkaufen wollen, in die vorgenannte Stadt Brüx bringen, es dort feilbieten und zwei Tage lang niederlegen; wenn sie es innerhalb der zwei Tage verkaufen können, wäre es nur recht; wenn nicht, sollen sie das unbeschränkte Recht haben, es dann zum Verkauf, wohin sie möchten, weiterzutransportieren. Wir gestatten den Bürgern dieser Unserer Stadt auch, daß sie alle ihre Schuldner und jeden einzelnen, Adelige ebenso wie andere Personen aus unserem Reich, Weltliche und Geistliche, für Schulden bis zu fünf Mark oder darunter in der Stadt Brüx gefangensetzen dürfen, damit sie über solche Inhaftierung die Bezahlung ihrer Schulden durchsetzen können.

Quellen zur Wirtschafts- und Sozialgeschichte mittel- und oberdeutscher Städte im Spätmittelalter, a. a. O., S. 95, 97.

[1] an der Grenze gegen Meißen gelegene Zollstätten. — [2] Die Brüxer Bannmeile umfaßte ungefähr 12 km.

3. Größe mittelalterlicher Städte

Mit dem Aufkommen der Städte begann eine bedeutende wirtschaftliche und soziale Umstrukturierung. Zeitraum und Ausmaß dieser Entwicklung lassen sich durch vielerlei Daten belegen und veranschaulichen. Am ergiebigsten sind Marktprivilegien, Neubürgerlisten und Steuerverzeichnisse. Wegen der allerdings recht lückenhaften Quellenlage und mangelnder Kenntnisse über die Haushaltsgrößen sind Statistiken zur mittelalterlichen Stadt ungenau. Noch größer wird die Unsicherheit, wenn man für Vergleichswerte die ländliche Bevölkerung heranzieht: Die Kataster, die zur landesherrlichen Besteuerung dorfweise angelegt wurden, beginnen erst gegen Ende des Mittelalters. Deutlich wird aber trotzdem, daß für Städte zunächst ein großer Bedarf an Menschen und dann ein regional unterschiedlicher Sättigungsgrad bestanden haben muß und daß die Arbeitsteilung zwischen Stadt und Land ständig zunahm. Die Bevölkerungsverluste durch Pest- und Kriegseinwirkungen konnten in den Städten durch stärkere Rekrutierung vom Land schnell ausgeglichen werden.

Volkszählungen. Zählungen der Einwohnerzahl als Grundlage für Abgaben **9**
oder Versorgung sind erst im späten Mittelalter überliefert.

a) Straßburg
Im Herbst 1444 wurden in Straßburg die städtische Bevölkerung und die Getreidevorräte aufgezeichnet:

Summa der statlüte ist 20 722 personen. Summa der statlüte, die kein korn hant, ist 7702 personen. Summa der statlütefruht ist 140 554½ viertel; doch sint vil lantlüte darunder.
Summa der lantlüte ist 5476 personen, one die in die obgenant summ begriffen sint. Summa der lantlüte, die kein korn hant, ist 667 personen. Summa der lantlütefruht ist 23 829 viertel.[1]
Summa summarum der statlüte und lantlüte ist 26 198 personen. Summa summarum der statlüte und lantlüte, die kein korn hant, ist 8369 perso-

nen. Summa summarum der statlüte und lantlüfefruht ist überhouff zůsammen 166 752 1/2.

Zählbezirke	Fläche in ha	ortsanwesende Bevölkerung	davon Stadtleute absolut	in %	je ha
West	58	4 978	2 598	52,2	44
Mitte	80	14 004	8 862	63,3	111
Süd	30	4 410	2 940	66,6	98
Ost	32	982	810	82,4	25
ummauerte Stadt	200	24 374	15 210	62,4	76
Vororte		1 714	862	50	
Insgesamt		26 088	16 072		

Quellen zur Wirtschafts- und Sozialgeschichte mittel- und oberdeutscher Städte im Spätmittelalter, a. a. O., S. 315 f.

[1] Getreidemaß von ca. 111 Liter

b) Nürnberg

Aufzeichnung über eine während des Markgrafenkrieges durchgeführte Volks- und Lebensmittelzählung, 1449/1450. Die Abweichungen in den einzelnen Angaben ergeben sich daraus, daß die aus den Zählbezirksergebnissen errechenbaren Summen nicht den im Bericht überlieferten Zahlen entsprechen. Für die aufgeführten Kinder wird eine Altersgrenze von 12 Jahren vermutet.

	Bürgerliche Personen	darunter Bürger	Bürgerinnen	Kinder	Knechte	Mägde	Nichtbürger
	1	2	3	4	5	6	7
Insgesamt errechnet	17 583	3753	4383	6173	3274		1986
%	100	21,4	24,9	35,1	18,6		
überliefert	17 824	3756	4565	6173	1475	1855	
%	100	21,1	25,6	34,6	8,3	10,4	

	Geistliche mit Anhang	Juden	Bäuerliche Personen	darunter: Bauern und Knechte	darunter: Bäuerinnen und Mägde	darunter: Kinder	Ortsanwesende Bevölkerung Sp. 1—13	Wohnbevölkerung Sp. 1—9
	8	9	10	11	12	13	14	15
Insgesamt								
errechnet	.	.	10 032	.	.	.	30 197	20 165
überliefert	446	150	9 912	2951	2604	4357	30 318	20 406

Quellen zur Wirtschafts- und Sozialgeschichte mittel- und oberdeutscher Städte im Spätmittelalter, a. a. O., S. 319.

Leistungsfähigkeit als Größenmaßstab 10

Durch die **Reichsmatrikel** des 15. und 16. Jahrhunderts besteht eine gute Möglichkeit, die Gewichtigkeit der einzelnen Stände des Reiches und damit auch der Reichsstädte zu erfassen. Die Listen zeigen die militärische und finanzielle Leistungsfähigkeit der Reichsstände und dienten der Aufstellung des Reichsheeres.
Die folgenden Angaben beziehen sich auf den hansischen Raum und geben an, wieviel „Wapener“ zu je 3 Pferden die einzelnen Städte für bestimmte politische Ziele beizusteuern hatten. Wie dabei Einwohnerzahl und Wohlstand gewichtet wurden, läßt sich nicht mehr ermitteln.

	1407/ 1430	1441/ 1470		1407/ 1430	1441/ 1470
1. Lübeck	29	30	18. Dortmund	9	12
2. Köln	25	30	19. Soest	9	12
3. Hamburg	23	23	20. Halberstadt	9	9
4. Braunschweig	23	18	21. Stettin	9	12
5. Magdeburg	22	18	22. Frankfurt a. O.	9	11
6. Stralsund	21	15	23. Stendal	9	10
7. Bremen	20	18	24. Greifswald	9	8
8. Halle	19	18	25. Minden	9	—
9. Lüneburg	16	18	26. Wesel	—	9
10. Krakau	15	—	27. Stargard	7	9
11. Wismar	14	11	28. Einbeck	7	9
12. Rostock	13	9	29. Stade	7	6
13. Breslau	12	—	30. Berlin	6	9
14. Osnabrück	12	12	31. Hannover	6	8
15. Münster	11	12	32. Goslar	6	7
16. Hildesheim	11	12	33. Kolberg	6	6
17. Göttingen	10	12	34. Salzwedel	5	7

Man wird aus dieser Liste Köln und Lübeck als Großstädte, Nr. 3–8 als große Mittelstädte, Nr. 9 bis etwa 26 als Mittelstädte, Nr. 27 und folgende als kleine Mittelstädte bezeichnen können. Wenn man die Reihenfolge der Reichsstädte in diese Hansematrikel einschieben wollte, so würden Nürnberg, Straßburg, Ulm mit Lübeck hinter Köln einzusetzen sein; sodann vor Hamburg noch Augsburg und Frankfurt a. M., Danzig und Basel; ferner Worms und Speyer bei Bremen; die größeren schwäbischen Reichsstädte etwa bei Rostock, Breslau und Osnabrück und vor Dortmund und Soest. Im übrigen sind weder die Volkszahlen noch das Gewicht der einzelnen Städte als etwas Konstantes anzusehen, es ist alles in ständigem Fluß.

Heinrich Reincke, Bevölkerungsprobleme der Hansestädte, in: Die Stadt des Mittelalters, hg. von Carl Haase, 3. Bd., Wirtschaft und Gesellschaft, Darmstadt 1984, S. 263—265.

11 Die Größe der Städte. Die moderne Forschung ist bei den meisten Städten auf Schätzwerte angewiesen.

Man kann davon ausgehen, daß die 4000 Städte Deutschlands des späten Mittelalters etwa folgendermaßen aufzuteilen sind:
- 2800 Städte mit weniger als 1000 Einwohnern
- 900 Städte mit 1000 bis 2000 Einwohnern
- 250 Städte mit 2000 bis 10 000 Einwohnern
- 12 Städte mit 10 000 bis 20 000 Einwohnern
- 8 Städte (Köln, Danzig, Lübeck, Nürnberg, Straßburg, Ulm, Bremen, Magdeburg) mit mehr als 20 000 Einwohnern

Köln war mit etwa 40 000 Einwohnern im ausgehenden 15. Jahrhundert *die größte Stadt Deutschlands.*
Die Einwohnerzahlen der einzelnen Städte können allerdings nur geschätzt werden, da für die meisten Städte lediglich die Bürger, d. h. die Inhaber des Bürgerrechts, registriert worden sind, nicht aber die große Anzahl von *Nichtbürgern* (teilweise *bis zu einem Drittel der Einwohner*).

Henning, Das vorindustrielle Deutschland 800 bis 1800, Paderborn 1977, S. 172.

12 Relation von Stadtbewohnern zu Dorfbewohnern

1350 = 640 000 in Städten und 5,76 Mill. in Dörfern
1430 = 385 000 in Städten und 3,85 Mill. in Dörfern (nur unter Berücksichtigung der Pestverluste, ohne Wanderungen)
1450 = 640 000 in Städten und 3,595 Mill. in Dörfern (d. h. ein Wiederauffüllen der Städte aus der geminderten Zahl der Dorfbewohner)

Die Relation von Dorfbewohnern zu Stadtbewohnern lag demnach bei etwa: 1350 100 zu 11,1 – 1430 100 zu 10,0 – 1450 100 zu 17,8

Henning, Das vorindustrielle Deutschland 800 bis 1800, a. a. O., S. 133.

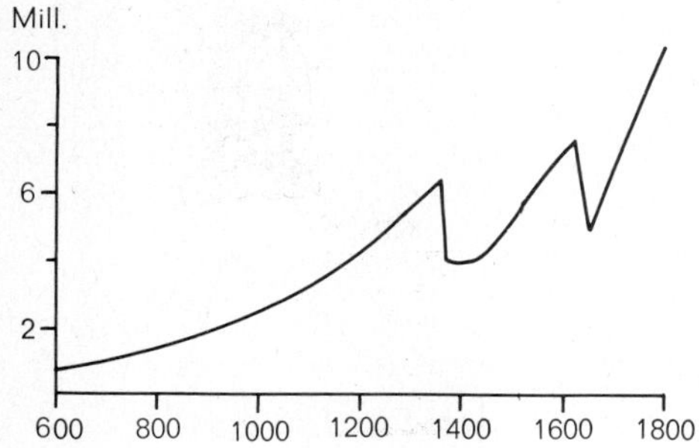

Abb. 11: Entwicklung der Bevölkerungszahl Westdeutschlands von 600 bis 1800. Die Einschnitte nach 1350 und in der Mitte des 17. Jahrhunderts sind durch die Pest bzw. durch den Dreißigjährigen Krieg verursacht. Es handelt sich um Schätzwerte.

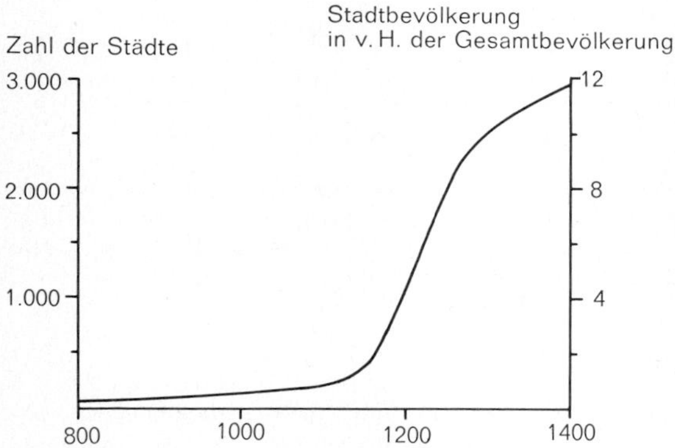

Abb. 12: Zahl der Städte und Anteil der Stadtbevölkerung an der Gesamtbevölkerung von 800 bis 1400 in Deutschland (Schätzung).

Abb. 13: Phasen der Stadtentstehung in Mitteleuropa.

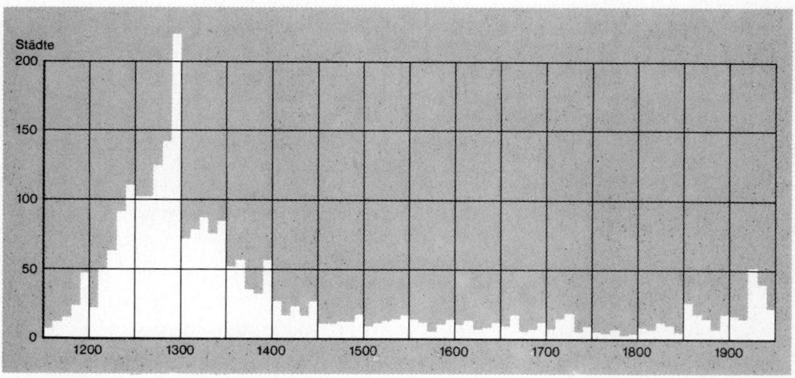

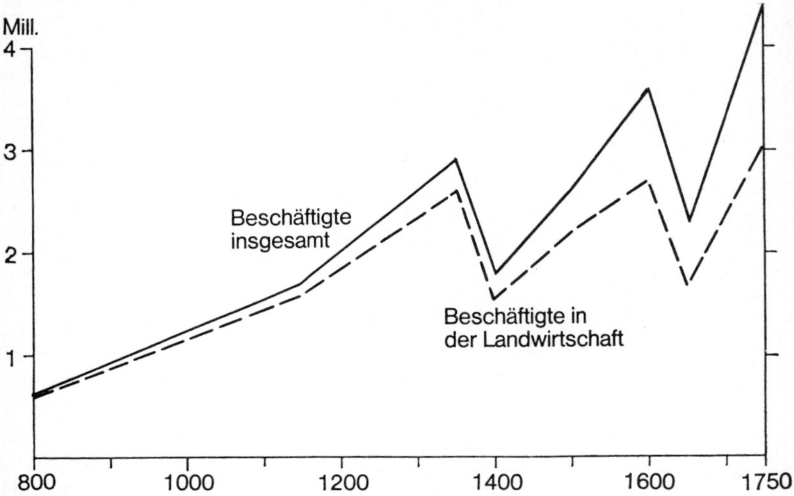

Abb. 14: Zahl der Beschäftigten in der westdeutschen Landwirtschaft und in der Wirtschaft insgesamt von 800 bis 1750 (Schätzung). Die Quote der Beschäftigten an der gesamten Bevölkerungszahl lag etwa bei 45 Prozent. Die landwirtschaftliche Nutzfläche hat sich nur geringfügig ausgedehnt.

13 Neubürger in Hansestädten, 1301–1499

Das Wachstum der Städte ist in erster Linie auf Zuzug zurückzuführen, obwohl offen bleibt, welche Abgänge über die normale Sterberate hinaus diesen Neubürgerzahlen entgegenzusetzen sind. Einerseits tendierten Bürger dazu, stufenweise in größere und attraktivere Städte umzusiedeln; zum andern war die Sterblichkeit in Städten wegen des engen Zusammenlebens und der schlechten hygienischen Verhältnisse höher als in Dörfern.

Zahl der Neubürger 1301—1350

	Lübeck	Stralsund	Hamburg	Lüneburg	Soest	Dortmund
1301/05			239	157	154	77
1306/10			212	199	216	73
1311/15			142	136	175	116
1316/20	1166	300	196	116	157	68
1321/25	889	562	219	122	127	90
1326/30	930	493	397	163	165	97
1331/35	863	509	319	160	192	98
1336/40	932	724	264	138	140	98
1341/45	587	714	287	140	155	98
1346/50	939	717	343	174	149	314

Zahl der Neubürger 1350—1499

	Hamburg	Lüneburg
1350/59	752	630
1360/69	692	392
1370/79	778	271
1380/89	1179	317
1390/99	988	274
1400/09	1012	300
1410/19	1064	302
1420/29	928	328
1430/39	823	268
1440/49	769	183
1450/59	801	140
1460/69	754	162
1470/79	735	184
1480/89	758	180
1490/99	669	162

Reincke, Bevölkerungsprobleme der Hansestädte, a. a. O., S. 275—276.

Bevölkerungsentwicklung der Stadt Goslar **14**

Das Beispiel Goslar mit seiner extrem einseitigen Ausrichtung auf den Bergbau zeigt, wie stark sich Schwankungen in der wirtschaftlichen Lage auf die gesamte Bürgerschaft auswirkten. In schlechten Zeiten blieb den Knappen und dem Hilfspersonal nur die Abwanderung in andere Bergstädte. Ein anderes soziales Problem war – als Folge der gefährlichen Arbeit im Bergbau – der hohe Anteil der von Witwen geführten Haushalte.

Gesamtbürgerzahl

1434/35	1450	1457	1470	1480	1490	1501
5160	4530	4440	4980	6960	5960	6940

Bevölkerungsdichte (bezogen auf 88,5 ha)
1457: etwa 46 Bürger je ha
1500: etwa 72 Bürger je ha

Anteil der Witwen als Haushaltsvorstände

1457:	91 Witwen	(9,2 % der Steuerbürger)
1470:	125 Witwen	(11,3 % der Steuerbürger)
1475:	126 Witwen	(9,2 % der Steuerbürger)

Zusammengestellt nach: Peter-Johannes Schuler, Goslar — Zur Bevölkerungsgröße einer mittelalterlichen Reichsstadt, in: Stadt im Wandel. Kunst und Kultur des Bürgertums in Norddeutschland 1150—1650, Landesausstellung Niedersachsen 1985, Ausstellungskatalog Bd. 3, hg. v. Cord Meckseper, Braunschweigisches Landesmuseum 1985, S. 443—456.

15 **Anzahl der männlichen Einwanderer nach Nördlingen, Esslingen und Schwäbisch Hall** zwischen 1450 und 1550

Nördlingen	2321	(etwa 6000 Einwohner)
Esslingen	2020	(Mitte 15. Jh. etwa 6000, 1560: 6500 bis 6800 Einwohner)
Schwäbisch Hall	615	(etwa 5000 Einwohner)

Von den Nördlinger männlichen Neubürgern haben rund 52 % vor Aufnahme ihres Bürgerrechts eine Bürgertochter oder -witwe geheiratet; 2 % kamen mit Familienangehörigen, von 46 % ist nichts bekannt. Das Bürgergeld betrug 7 fl.; wer eine Bürgerin heiratete, zahlte nur 5 fl.

Hanno Vasarhelyi, Einwanderung nach Nördlingen, Esslingen und Schwäbisch Hall zwischen 1450 und 1550, in: Stadt und Umland, hg. von Erich Maschke und Jürgen Sydow, Kohlhammer Verlag, Stuttgart 1974, S. 131—133.

Abb. 15: Einwanderung nach Nördlingen, Esslingen und Schwäbisch Hall zwischen 1450 und 1550.

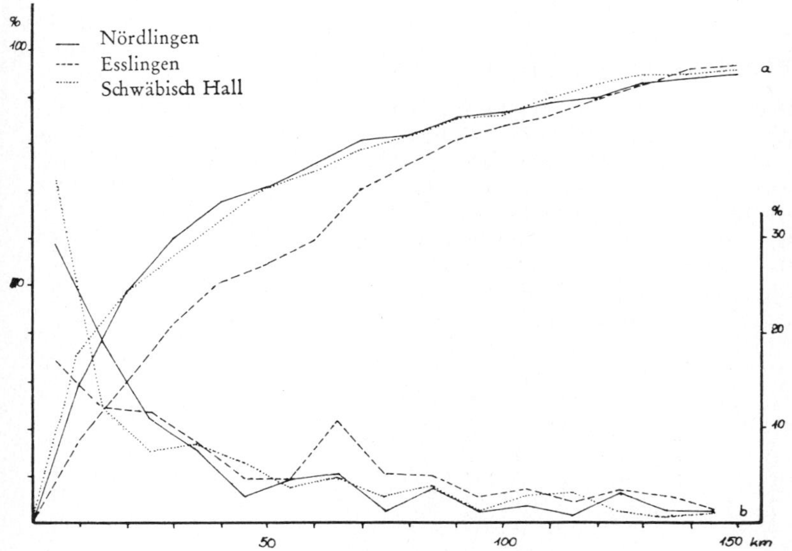

II. Die Bewohner der Städte

Das erste Kapitel hat sich unter geographischem, rechtlichem und statistischem Aspekt mit der Stadt befaßt. Die Betrachtung galt der Stadt als Siedlung. Der folgende Teil bezieht sich auf die Bewohner. Es geht um soziale Strukturen, um einzelne Bevölkerungsgruppen und um die rechtliche und wirtschaftliche Abhebung des Bürgers vom Dorfbewohner, d. h. das Freiwerden von herrschaftlichen Bindungen.

1. Differenzierung nach Beruf und Vermögen

Berufliche Gliederung in Hamburg 16

Im Jahre 1376 hatte der Rat *Hamburgs* nach einem mißglückten Handwerkeraufstand die gesamte Bürgerschaft neu vereidigt. Den 1175 namentlich erfaßten Bürgern sind, wie sich aus anderen Quellen erschließen läßt, noch etwa 10 % hinzuzurechnen, die sich der Eidesleistung entzogen hatten. Nicht verzeichnet wurden außerdem die Herren des Rates (19 Personen), die Beamten der Stadt (42), die Geistlichen (etwa 120), die Insassen der Hospitäler, Konvente und Klöster (etwa 150), die Gäste in der Stadt sowie die Angehörigen der unteren Bevölkerungsschichten – dazu gehörte nicht nur das häusliche Gesinde und die große Anzahl der bei ihrem Herrn wohnenden Gesellen, Gehilfen und Lehrlinge, sondern vor allem die Hilfsarbeiter des Handels, die oftmals einen selbständigen Haushalt führten: die Träger, Zieher, Schlepper, Schieber, Treiber und Fuhrleute, die Bierführer und Quartiersleute, die Schiffsmannschaften und die Schiffsbauer, die Salz- und Brauerknechte, die Tagelöhner des Baugewerbes, die Steinträger, Säger, Gräber und andere Tiefbauarbeiter.

Aus der Liste der Vereidigten ist die berufliche Gliederung zu ersehen:

84	Flandernfahrer	9	Maler
35	Englandfahrer	9	Leineweber
19	Wandschneider (damals überwiegend Lakenhändler en gros)	36	Bäcker
		104	Böttcher
126	Exportbrauer nach Amsterdam	36	Schmiede
		31	Fischer
52	einfache Handwerker	16	Drechsler
57	Knochenhauer	12	Kannengießer
47	Schuster	8	Kürschner
28	Schneider	6	Seiler

10	Heringswascher	33	Brauer von der Großen Bäckerstraße
9	Kerzengießer	197	Brauer vom Kirchspiel St. Jacobi
21	Krämer	9	Goldschmiede
30	Wagenbauer	6	Wollweber
40	Lübeckfahrer	4	Bader (Badestubenbesitzer)
55	Exportbrauer nach Friesland		
46	Brauer vom Rödingsmarkt		

Nach: Reincke, Bevölkerungsprobleme der Hansestädte, in: Die Stadt des Mittelalters, 3. Bd., a. a. O., S. 284.

17 **Die 20 häufigsten Berufe der Neubürger der Städte Nördlingen, Esslingen und Schwäbisch Hall** (absolut und in % aller Berufsangaben):

Umsiedlungen erfolgten zumeist von kleineren Orten in größere und attraktivere. Neubürgerlisten sind nicht identisch mit dem gesamten Berufsspektrum einer Stadt, sondern eher mit dem mittleren und unteren Bereich der Bürgerschaft; sie lassen erkennen, in welchen beruflichen Ständen und in welchem Ausmaß soziale Mobilität bestand.

Nördlingen	N	%	Esslingen	N	%
Loder	219	12,0	Schneider	25	10,2
Geschlachtw.	197	10,8	Bäcker	21	8,6
Bäcker	112	6,2	Schmied	14	5,7
Schuster	101	5,5	Binder	13	5,3
Gerber	69	3,8	Tucher	12	4,9
Schneider	52	2,9	Schuster	11	4,5
Zimmermann	52	2,9	Zimmermann	11	4,5
Bader/Badkn.	49	2,7	Kürschner	8	3,3
Fuhrmann	43	2,4	Bader	6	2,5
Huter	38	2,1	Bauer	6	2,5
Kürschner	37	2,0	Müller	6	2,5
Schreiner	36	2,0	Scherer	6	2,5
Metzger	33	1,8	Goldschmied	5	2,0
Seckler	32	1,8	Metzger	5	2,0
Leineweber	27	1,5	Weber	5	2,0
Taglöhner	24	1,3	Weingärtner	5	2,0
Hufschmied	24	1,3	Decker	4	1,6
Weber	23	1,3	Fuhrmann	4	1,6
Tuchscherer	22	1,2	Hafner	4	1,6
Sattler	22	1,2	Koch	4	1,6

Schwäbisch Hall	N	%	Schwäbisch Hall	N	%
Schuster	39	8,7	Seckler	16	3,6
Bäcker	26	6,2	Schneider	13	2,9
Taglöhner	25	5,6	Kürschner	12	2,7
Gerber	23	5,1	Metzger	12	2,7
Binder	21	4,7	Bader	11	2,4
Tucher	21	4,7	Müller	8	1,8
Weber	19	4,2	Schlosser	8	1,8
Sieder/Siederkn.	18	4,0	Goldschmied	7	1,6
Schmied	18	4,0	Hafner	6	1,3
Zimmermann	17	3,8	Fuhrmann	6	1,3

Vasarhelyi, Einwanderung nach Nördlingen, Esslingen und Schwäbisch Hall zwischen 1450 und 1550, a. a. O., S. 135.

Vermögen der Augsburger Bürger nach der Steuerliste von 1475 (vgl. Q 26): **18**

Steuerleistung je Person in Gulden	4485 Personen	Ungefähres Vermögen in Gulden [1]
0 (Bettler)	107	0
0 (Taglöhner)	151	0
0 (Habenichts-Handwerker)	2700	0
unter 1/2	420	bis 50
1/2 — 1	532	50 — 100
1 — 3	266	100 — 400
3 — 6	98	400 — 800
6 — 10	59	800 — 1 400
10 — 15	48	1 400 — 2 000
15 — 20	26	2 000 — 2 667
20 — 25	16	2 667 — 3 333
25 — 30	15	3 333 — 4 000
30 — 40	13	4 000 — 5 333
40 — 50	14	5 333 — 6 667
50 — 60	4	6 667 — 8 000
60 — 70	3	8 800 — 9 333
70 — 80	7	9 333 — 10 667
80 — 90	2	10 667 — 12 000
90 — 100	4	12 000 — 13 333

Reincke, Bevölkerungsprobleme der Hansestädte, a. a. O., S. 298.

[1] Es wurde angenommen, daß bei Vermögen unter 100 fl. kein Grundbesitz, bei mehr als 100 fl. die Hälfte Grundbesitz gewesen sei.

19 Vermögensstruktur der Bevölkerung von Städten in Zusammenhang mit ihrer wirtschaftlichen Ausrichtung

1. Ackerbürgerstadt (die im Mittelalter bei weitem häufigste Form der städtischen Siedlung)

Bregenz am Bodensee. Die etwa 500–700 Einwohner gingen neben ihrem Gewerbe- und Handelsbetrieb auch der Landwirtschaft nach. Vermögensverteilung (in $^0/_0$) im Jahre 1557:

Vermögen bis	50 Pfund	19,8
Vermögen bis	1000 Pfund	77
Vermögen über	1000 Pfund	3

2. Gewerbe- und Handelsstadt lokalen Gepräges

Dresden (1500: etwa 4000 Einwohner), Vermögensverteilung (in $^0/_0$):

	1488	1502		1488	1502
unter 25 fl.[1]	32,2	46,6	200 — 500 fl.	15,1	10,1
25 — 200 fl.	25,6	23,5	500 — 1000 fl.	3,8	2,5
100 — 200 fl.	21,8	16,4	über 1000 fl.	1,5	0,9

Basel (15. Jh.: 8000–12 000 Einwohner), Vermögensverteilung (in $^0/_0$):

	1446	1453/54	1475/76
1 — 30 fl.	51,9	50,9	44,5
30 — 100 fl.	16,7	17,2	21,6
100 — 200 fl.	11,2	10,6	8,9
200 — 1000 fl.	14,8	14	17,5
1000 — 2000 fl.	2,4	3	3,4
über 2000 fl.	3,0	4,3	4,1

3. Exportgewerbe- und Fernhandelsstadt

Augsburg (1475: mindestens 20 000 Einwohner), Vermögensverteilung (in $^0/_0$):

Steuerzahler (Beträge)	1471	1498	1526	1554
Besitzlose	65,4	43,6	54,1	53,2
unter 10 fl.	31,6	53,2	41,6	40,5
10 — 20 fl.	1,7	1,48	1,44	2,0
20 — 50 fl.	1,0	1,12	1,54	1,98
50 — 100 fl.	0,21	0,43	0,80	1,15
über 100 fl.	0,08	0,17	0,65	1,14

Horst Jecht, Studien zur gesellschaftlichen Struktur der mittelalterlichen Städte, in: Die Stadt des Mittelalters, a. a. O., S. 228 f., 231, 233.

[1] fl. = Schilling (vgl. Kap. IV. 5)

2. Lebensverhältnisse einzelner Gruppen

Um Einblicke in die städtische Gesellschaft zu bekommen, sollen fünf Gruppen vorgestellt werden: Kaufleute, Handwerker, Frauen, Geistliche und Juden. Bei den Kaufleuten und Handwerkern handelt es sich um die beiden maßgeblichen Gruppen der Stadt, deren wirtschaftliche und politische Bedeutung sich in jeder Stadt unterschiedlich gestaltete. Die drei anderen Gruppen sind vor allem sozialgeschichtlich interessant: Die Frauen waren bemerkenswert selbständig, die Geistlichen hatten eine einflußreiche Sonderstellung; die Juden lebten in unsicheren Lebensverhältnissen, obwohl sie dem besonderen Schutz des Königs unterstellt waren.

Kaufleute

Kaufleute waren ihrem Ursprung und ihrer Aufgabe nach Fernhändler. Das schloß nicht aus, daß sie ihre Waren auch im regionalen Detailhandel verkauften. Je nach Warengattung konnte es dabei durchaus zur Konkurrenz mit dem lokalen Kramhandel und dem einheimischen Handwerk kommen. Auf der untersten Ebene gab es Wanderhändler, die nicht mehr als eine Kiepenladung, den Inhalt eines Rückentragkorbs, feilboten. Als „Patrizier" hatten die Kaufleue (gemeinsam mit den vornehmsten Zünften) wichtigen Einfluß auf das politische Geschick ihrer Stadt.

Besitz eines Kaufmanns. Ein Lübecker Kaufmann schreibt 1365 in seinem **20**
Testament:

Im Namen des Herrn, amen. Im Jahre der Geburt desselben 1365 am Tag vor dem Heiligen Matthäus, Apostel und Evangelisten, etwa um 6 Uhr abends. Ich, Konrad von Stade, auf dem Krankheitsbett, aber mit gesunden Sinnen, habe mein Testament folgendermaßen machen lassen und wünsche, daß alles Geschriebene gelesen und bekannt wird, nämlich daß ich 1364 am Sonntag Judica in den Fasten (10. März) nach der Abrechnung mit Johann Bunstorp bei diesem 400 Mark Hamburger Pfennige in der Handelsgesellschaft zurückgelassen habe und danach keine andere Abrechnung zwischen uns gemacht worden ist. Ebenso habe ich bei demselben Johann Bunstorp auf der Reise, auf der er jetzt in Flandern ist, 60 Pfund Groschen wegen unserer Gesellschaft, von denen mir 10 Pfund nicht gehören; wem diese 10 Pfund Groschen gehören, das ist den Herren Bürgermeister H. Hoyeri, Kanoniker Johann Holdenstede und Johann, dem Rektor der Schüler beim Heiligen Nikolaus wohlbekannt. Ebenso hatten Herr H. Hoyeri, Ludolp de Holdenstede und ich nach der Abrechnung unter uns in der Handelsgesellschaft zusammen 375 Mark. Ebenso habe ich in unserem kleinen Steinhaus 16 ganze Stücke Englischen Tuchs mit 12 Resten. Ebenso befinden sich dort 9 Laken, von denen mir 2 gehören, die restlichen 7 zu meiner und Johann Bunstorps Gesellschaft. Ebenso ist meine ganze Habe, Schulden und Nichtschulden außer dem Vorigen, in meinen Rechnungsbüchern vollständig geschrieben.

Quellen zur Hanse-Geschichte, hg. v. Rolf Sprandel, Darmstadt 1982, S. 103, 105.

21 **Bewegliches Vermögen eines Reeders.** Ein Lübecker Reeder hat im Jahre 1494 sechs Personen, die für ihn eine Bürgschaft in Höhe von 4000 Mark übernommen haben, sein gesamtes bewegliches Vermögen verpfändet. In der Urkunde heißt es:

Hermen Mesman von Lübeck hat sich aus freiem Willen für sich und seine Erben gegenüber den genannten Bürgen verpflichtet, mit diesem Schriftstück sein ganzes bewegliches Vermögen zu verpfänden: sein Silbergerät, seine Möbel und sein Hausgerät, seine Kannen, Kessel und Grapen [1], seine Guthaben, alle seine Schiffe und Schiffsanteile mit ihrer Ausrüstung, Ankern, Tauen, Seilen und ihrem Zubehör, wo und bei wem sie sich auch befinden, nichts ausgenommen, nämlich:
am Holk [2] des Marten Quante $^1/_4$ Anteil: 400 Mark
am Schiff des Hans Holste $^1/_8$ Anteil: 200 Mark
am Schiff des Hans Blank $^3/_8$ Anteil: 600 Mark
am Schiff des Peter Ruter $^1/_4$ Anteil: 300 Mark
am Schiff des Hermen Burscup $^1/_8$ Anteil: 200 Mark;
außerdem das halbe Schiff von Hans Vranke: 85 Mark.
Diese Schiffe liegen alle zur Zeit in Lübeck.
Am Schiff des Hans Schakel, das zur Zeit in Reval liegt, mindestens 625 Mark.
Ein anderer Holk, auf dem er jetzt als Schiffer Hanke Brandt eingesetzt hat und der in Stockholm liegt, ist wohl 1300 Mark wert. Ferner noch ein ganzes Schiff, das in Stockholm liegt, von 60 Lasten, das mehr wert ist als 200 Mark.
Summe insgesamt: 3900 Mark.
Außerdem hat der genannte Hermen ... bestimmt: Falls Gott der Herr ihn zu sich riefe und die oben genannten Pfänder nicht ausreichen sollten ..., dann sollen die Bürgen oder ihre Erben sich fernerhin an sein ganzes unbewegliches Vermögen halten, nämlich an das Eigentum seiner Häuser, sowie an alles andere bewegliche und unbewegliche Vermögen in und außerhalb der Stadt Lübeck.

Philippe Dollinger, Die Hanse, Alfred Kröner Verlag, Stuttgart 1989, S. 573.

[1] kugelige Töpfe mit drei Füßen und einer Aufhängung
[2] Schiffstyp ähnlich der Kogge, etwas größer

Abb. 16: Kaufabschluß auf dem Markt. Lehrbuchmäßig sind hervorgehoben: Prüfen der Ware und Bereithalten des Geldes. (Augsburger Holzschnitt, um 1475)

Ausbildung zum Kaufmann. Der Nürnberger Rats- und Handelsherr Christoph Fürer schildert seine Jugend- und Lehrjahre: 22

Ich Christof Fürer, des andern Sigmund Fürers sohn von der Tucherin, am 9. tag may zwischen ein und zweyen gein tag im 1479. jar geborn, hab mein leben und wesen geführt wie nachfolgt:

Erstlich bin ich zu Nurmberg im spital in die lateinische schul gegangen, darnach bald herausgenumen und zu eim teutschen, genannt der Guldenschreiber, gelassen worden, von dannen in die rechenschuel zu einem, genannt Kolberger gelassen worden. Und als ich ungever 13 jar alt gewest, bin ich ... als mir mein vater stiffel, sporn, pferd und alle zugehör [gekauft] ... aufgesessen und gen Venedig geritten, alda ich drey jar lang in versprechnus Hansen Heßleins, Heinrich Wolfen [1] diener, gewest bin und alle jar einem Welschen 24 ducaten in die cost gegeben hab ...

Als ich wiederumb aus Welschland gein Nurmberg kam, schickte mich mein vater das ander jar widerumb hinein [2], gab mir 3000 ducaten, die solt ich ime zu gut anlegen, das ich dann thet und ging mir damit gelicklich, gewann wol daran; wiewol, wo mein vater mir gefolgt und ein klein lenger damit gehalten het, so het er viel ein merers daran gewunnen.

Als ich ungever 18 in 19 jar gewest, thet mich mein vater gen Grefenthal auf die hütten [3]; und als sie einen diener zu Eißleben hetten, mit namen Sigmund Müller, so von ihnen kam, ward ich gein Eißleben geschickt, der end den handel zu verwalten [4]. Indes thet sich Sebalt Melber, so der Arnstetter diener was, vielleicht aus meiner forcht und daß er nit wol rechnung thun kunt, aus dem land, ließ den handel also waislos, derhalben ich denselbigen zusambt dem Grefenthaler handel ausrichten mußte [5]. Und als ich alda bey zweyen jarn was, viel kuntschaft mit dem grafen und ihren edelleuten het, damit ich dann ihrer zehent halb [6] viel zu thun hett und ich auch mer reuterisch, dann mich mein vater gelert hette, zog ich auf meiner schwester einer hochzeit gen Nurmberg. Indes starb mein vater seliger und ward mir der ganze Arnstetter handel zu Nurmberg an statt meines vaters zu verwalten befohlen, welches ungever umb die 21 jar meines alters sein mocht.

Quellen zur Wirtschafts- und Sozialgeschichte mittel- und oberdeutscher Städte im Spätmittelalter, a. a. O., S. 394 ff.

[1] Heinrich Wolff wurde um 1500 zu den reichsten Bürgern Nürnbergs gezählt. – [2] d. h. nach Venedig – [3] Am Gräfenthaler Saigerhandel waren die Fürer seit 1497 mit 8000 fl. beteiligt. – [4] In Eisleben besorgten die Faktoren der Saigerhandelsgesellschaften den Einkauf des Mansfelder Rohkupfers. – [5] Schon für diese Zeit sind die Fürer mit anderen Nürnbergern auch als Teilhaber der Arnstädter Gesellschaft bezeugt. Im Jahre 1502 betrug die Einlage Christophs und seines Halbbruders Sigmund Fürer d. J. 7000 fl. (von insgesamt 31 500 fl. Stammkapital). – [6] Für die Überlassung der Hüttenfeuer zur Erbpacht behielten die Grafen von Mansfeld den zehnten Teil der Rohkupferausbringung ein, den sie ihrerseits an die Saigerhüttengesellschaften verkauften.

Handwerker

Die Sorgen der Handwerker, die sich auf die Sicherung ihrer Arbeitsplätze, auf das Bewältigen wirtschaftlicher Notsituationen und auf ihr Lebensende und das Jenseits bezogen, führten zu dem Wunsch, sich hierin gegenseitig zu stützen und sich zu dem Zweck in Zünften zusammenzuschließen. Entsprechend sind die Zielsetzungen der Zünfte wirtschaftlicher, sozialer und religiöser Natur. Bei den Stadtherren löste das unterschiedliche Reaktionen aus. Einerseits wurden solche Verlangen wohlwollend genehmigt; andererseits verursachten Zünfte wegen ihrer politischen Möglichkeiten großes Mißtrauen und strenges Verbot (vgl. Q. 50).
In der weiteren Entwicklung kam es zu einer allgemeinen Anerkennung der Zünfte und zu dem bis ins 19. Jahrhundert bestehenden Zunftzwang; das bedeutete, daß niemand mehr außerhalb der Organisation und der Regeln der Zünfte tätig sein durfte. Das Einkommen der Handwerker hing von der Branche ab. Die wirtschaftliche Lage der Gesellen war nicht gut. Eine politische Funktion fiel den Zünften zu, als sie – mancherorts besorgten das auch stadtteilmäßig orientierte Gruppen oder unorganisierte Massen – gegen die alten Geschlechter auftraten und sich, d. h. den bislang nicht ratsfähigen Handwerkern, Zugang zu den Ratsämtern verschafften. (Vgl. Abb. 21 u. 22; Q. 16, 25, 51, 52 u. 54.)

Bildung einer Zunft. Der Bischof von Basel erlaubt als Stadtherr den Gärtnern, Obstern und Lebensmittelhändlern von Basel, eine Zunft zu bilden, etwa 1264–1269: 23

1. Und man soll wissen, daß wir ihnen und sie uns und unserem Gotteshause geschworen haben, zu helfen bei unseren Nöten und wir ihnen bei ihren Nöten gegen jederman.
2. Und wir erlauben ihnen, mit der Mehrheit der Stimmen einen Meister zu wählen ...
3. Wir erlauben ihnen auch, wer sich mit ihrem Handwerk betätigt, daß sie den mit seinem Handwerk in ihre Zunft zwingen dürfen.
7. Wer von ihnen etwas Unrechtes und Verbotenes zum Kauf anbietet, sei es Kraut, Obst oder Hühner oder anderes Unzulässiges, der soll 3 Schillinge geben, uns einen, dem Rate einen und der Zunft einen und die verbotene Sache, die er angeboten hat, dem Spital ...
10. Wenn einer von ihnen stirbt hier oder anderswo oder sein Weib, dem folgen sie mit ihrem Opfer und mit ihrem Licht.
11. Stirbt einer hier, der so arm ist, daß man ihn mit seinem Gute nicht bestatten kann, den soll man bestatten mit der gemeinsamen Almosenkasse.
13. Diese guten Gesetze über diese Zunft und über diese Almosenkasse, wer die jemals zerbricht oder zerstört, dem verkünden wir die Unhold des allmächtigen Gottes, unserer Jungfrau Maria und aller Hei- von Gott und vom geistlichen Gericht. ligen und verkünden ihn zu bannen mit der Gewalt, die wir haben

Übersetzt aus: Quellen zur Wirtschafts- und Sozialgeschichte mittel- und oberdeutscher Städte im Spätmittelalter, a. a. O., S. 61 ff.

Zunft- und Gewerbeordnung. Der Bischof von Würzburg erließ als Stadtherr für Würzburg 1279 folgende Ordnung: 24

Im Namen des Herrn. Amen. Wir, Berthold, von Gottes Gnaden Bischof von Würzburg, wollen, es möchte allen, die dieses Schriftstück sehen, bekannt sein, daß Wir die Gemeinschaften in der Stadt Würzburg, die man „Zünfte" nennt, zwar aufgelöst und ihre Rechtsgewohnheit widerrufen hatten, [nun] aber – nicht, weil Wir im Laufe der Zeit leichtfertig oder wankelmütig geworden wären, sondern wegen der guten Dienste, die sie Uns und Unserer Kirche bereitwillig bei der Eroberung der Burg Thüngen[1] geleistet haben, und ebensosehr auf Bitten Unserer Ratsleute von Würzburg – die solchermaßen erfolgte Aufhebung zurücknehmen und den Zünften alle Rechte und Gewohnheiten, die sie von alters her gehabt haben, in nachstehender Form gewähren und bewilligen, nämlich:
[1.] daß sich alle Zunftangehörigen wegen Schuldverpflichtungen, die sie gegenüber Personen außerhalb ihrer Zunft eingegangen sind, ferner für Verwundungen und alle „Frevel" genannten Vergehen vor Unseren Rich-

tern in Würzburg gerichtlich verantworten und dem Recht Genüge tun sollen; und diese Satzung sollen ... alle Zünfte ... unverletzlich halten.

[2.] Desgleichen bestimmen Wir, daß Semmeler und andere Bäcker an jedem Werktag backen sollen, damit alle, die danach verlangen, frisches Weiß- und Schwarzbrot bekommen können.

[3.] Wir bestimmen, daß die Bäcker, die „Roggener“ [2] heißen, ihr Brot, nur im Brothaus verkaufen sollen ...

[4.] Wir bestimmen ferner, daß auswärtige Bäcker, wenn sie wollen, Weiß- und Schwarzbrot an drei Tagen jeder Woche in die Stadt Würzburg bringen und an diesen Tagen dort von morgens bis abends an Ständen feilhalten können, ohne daß die Semmeler oder andere Bäcker sie in ihren Geschäften irgendwie belästigen oder behindern dürfen ....

[Weitere Bestimmungen betrafen Metzger, Zimmerleute, Schmiede, Eierhändler, Fischer und Schuster.]

[13.] Wenn jemand einer Zunft beitraten will, so soll diese nicht übermäßig viel von ihm fordern, sondern ihn freundlich aufnehmen; andernfalls behalten Wir Uns die Möglichkeit vor, ihn nach Unserem eigenen Gutdünken zuzulassen.

Quellen zur Wirtschafts- und Sozialgeschichte mittel- und oberdeutscher Städte im Spätmittelalter, a. a. O., S. 105, 107, 109.

[1] bis dahin in der Hand des Grafen von Henneberg

[2] Im Unterschied zu den Semmelern, die aus der „familia“ der Domkirche hervorgegangen sein dürften, waren die Roggenbäcker die eigentlichen städtischen Bäcker.

25 **Nürnberger Handwerksmeisterliste,** 1363:

Die Liste gibt einen Überblick über die Spezialisierung des Handwerks in einer Großstadt des späten Mittelalters und über die Größe der einzelnen Branchen. Die erste Ausfertigung aus dem Jahre 1349 war in der Folgezeit hinsichtlich der Anzahl der vom Rat zugelassenen Betriebe und ihrer Größe wiederholt geändert worden. Die Liste ist ein anschaulicher Beleg für die sozialpolitische Verantwortung des Rates um die Existenzsicherung des Handwerks und zugleich ein detaillierter Einblick in die Wirtschaftsstruktur der Stadt.
Der unmittelbare Anlaß für die Erstellung dieser Liste (verbunden mit einer genauen Gewerbeordnung) lag auf Reichsebene: in den Thronstreitigkeiten zwischen Kaiser Ludwig dem Bayern – zu seinen Anhängern gehörten die breiten Schichten der Nürnberger Bürgerschaft – und dem Gegenkönig Karl IV. – zu ihm war der patrizische Rat der Reichsstadt übergewechselt. Die Handwerker hatten in einem revolutionären Akt 1348 den Rat vertrieben; dieser war aber 1349 durch Karl IV. wieder eingesetzt worden und hatte „geschworene Meister“ als Vorsteher der einzelnen Handwerke bestellt. Zünfte waren von Karl IV. ausdrücklich verboten worden.

Abb. 17: Eine Schmiedewerkstatt: Die Arbeiten reichten bis zum fertigen Produkt. (Augsburger Holzschnitt, 1488)

1.	Sartores (Sneider)	76	Meister
2.	Mentler	30	Meister
3.	Platner [1]	12	Meister
4.	Plechhantschuer	21	Meister
5.	Sarwürthen [2]	4	Meister
6.	Nadler und Drotsmit	22	Meister
7.	Messingsmit, Gürtler, Zingiezzer, Spengler	33	Meister
8.	Pütner	34	Meister
9.	Wagner	20	Meister
10.	Schreiner	10	Meister
11.	Flaschensmide (auch Flaschner)	15	Meister
12.	Haubensmit	6	Meister
13.	Reuzzenslozzer [3]	24	Meister
14.	Bizzer, Sporer, Stegraiffer [4]	19	Meister
15.	Pantberaiter [5]	12	Meister
16.	Nagler	6	Meister
17.	Frumwerker [6]	17	Meister
18.	Zigensmit, Flachsmit, Knopfsmit, Sleiffer [7]	9	Meister

19. Hufsmit	22	Meister
20. Pfannensmit	5	Meister
21. Kezzler	8	Meister
22. Calciatores (Schuster)	81	Meister
23. Reuzzen [8]	37	Meister
24. Goltsmit	16	Meister
25. Wehsler	17	Meister
26. Cultell (Cultellarii, Messerer)	73	Meister
27. Klingensmit	8	Meister
28. Kanelgiezzer [9]	14	Meister
29. Taschner	22	Meister
30. Hantschuer	12	Meister
31. Peutler	12	Meister
32. Pistores (Bäcker)	75	Meister
33. Swertfegen	7	Meister
34. Kürsner	57	Meister
35. Glaser	11	Meister
36. Moler	6	Meister
37. Loder (Tucher)	28	Meister
38. Huter	20	Meister
39. Tuchscherer	10	Meister
40. Satler	17	Meister
41. Vischer	20	Meister
42. Sailer	10	Meister
43. Lapicide (Steinmetzen)	9	Meister
44. Carpn. (Carpentarii, Zimmerleut)	16	Meister
45. Hafner	11	Meister
46. Spigler, Glaser ante portam [10]	23	Meister
47. Irher [11]	35	Meister
48. Ledrer	60	Meister
49. Carnifices (Fleischhacker)	71	Meister
50. Verber [12]	34	Meister

Quellen zur Wirtschafts- und Sozialgeschichte mittel- und oberdeutscher Städte im Spätmittelalter, a. a. O., S. 226, 227, 229.

[1] Harnischmacher
[2] stellten Panzerhemden aus Ketten und Ringen her
[3] Schlosser
[4] Zaumschmiede, Sporer und Steigbügelmacher
[5] stellten wahrscheinlich Eisenbänder her (für Faßreifen, Beschläge u. dgl.)
[6] fertigten Schlosserarbeit auf Bestellung an
[7] Zeugschmiede, Flachschmiede, Knaufmacher (?) und Schleifer
[8] Flickschuster
[9] Kannengießer (Zinngießer)
[10] Spiegelmacher, Glaser in der Vorstadt (dabei auch Paternosterer)
[11] Weißgerber
[12] Färber und Tuchmacher

Die Vermögenslage der Handwerker in Basel, Frankfurt, Heidelberg und Görlitz 26

a) Vergleich mit der gesamten Bürgerschaft

Basel 1429

Vermögen	% der Gesamtbevölkerung	% der Handwerker
0— 10 fl.	25,6	19
10— 150 fl.	44	52,3
150—2000 fl.	25,4	27,7
über 2000 fl.	5	1

Frankfurt a. M. 1495

Vermögen	% der Gesamtbevölkerung	% der Handwerker
unter 20 fl.	45,7	32,7
20— 100 fl.	26,8	32,6
100— 200 fl.	8,2	12,5
200—1000 fl.	12	19,2
1000—5000 fl.	4,5	2,8
über 5000 fl.	2,8	0,2

b) Durchschnittsvermögen des einzelnen Handwerkers in Heidelberg, 15. Jh.

Metzgerzunft	199 fl.
Bäckerzunft	167 fl.
Schneiderzunft	119 fl.
Schusterzunft	113 fl.
Schmiedezunft	100 fl.
Weberzunft	62 fl.

c) Vermögensgliederung der Baseler Zünfte, 1429

		Vermögensbesitz			
	Gesamt-Zahl	über 2000 fl.	150—2000	10—150	0—10
Grautücher/Rebleute	213	—	8	127	78
Schmiede	172	2	78	77	15
Gärtner	159	3	51	82	23
Metzger	95	2	32	38	23
Brotbäcker	70	1	34	31	4
Schneider/Kürschner	123	—	23	74	26
Zimmerleute/Maurer	219	3	59	137	20

	Gesamt-Zahl	Vermögensbesitz über 2000 fl.	150—2000	10—150	0—10
Scherer/Maler/ Sattler	76	1	36	27	12
Leineweber/ Weber	93	—	20	40	33
Schiffsleute/ Fischer	95	1	24	55	15

d) Produktionsstatistik der Görlitzer Tuchmacher, 1564/65. Erfaßt sind etwa $\frac{2}{3}$ der ganzen Innung.

1— 30 Tuche	58 Meister, davon 36 weniger als 20 und 16 weniger als 10 Tuche.	121—150 Tuche	8 Meister
		151—180 Tuche	9 Meister
		181—210 Tuche	7 Meister
31— 60 Tuche	32 Meister	211—240 Tuche	12 Meister
61— 90 Tuche	19 Meister	241—270 Tuche	12 Meister
91—120 Tuche	11 Meister	271—300 Tuche	4 Meister

In Görlitz betrug im Jahre 1528 das Durchschnittsvermögen der gesamten Bevölkerung 255 Mark, der Tuchmacher $203\frac{1}{2}$ Mark, der Fleischer $194\frac{1}{3}$ Mark und der Schuster $119\frac{3}{4}$ Mark.

Horst Jecht, Studien zur gesellschaftlichen Struktur der mittelalterlichen Städte, a. a. O., S. 242—248.

27 Lehrvertrag eines Hamburger Glaserlehrlings, 1319:

Hermann Glaswarth nahm den Sohn des Jakob Planslager mit sechs Mark Pfennige unter folgender Vereinbarung an: Er wird besagten Jungen acht Jahre lang beköstigen und kleiden. Nach Ablauf dieser Zeit wird der Junge von dem bereits genannten Hermann frei sein. Während der genannten acht Jahre jedoch wird dieser Junge die Arbeit des oben genannten Hermann verrichten, das Geld wird bei jenem Hermann verbleiben. Sollte es sich jedoch zutragen, daß jener Hermann im Laufe besagter acht Jahre stirbt und der Junge noch so unausgebildet ist, daß er sich durch eigene Arbeit sein Brot und Bier nicht verdienen kann, dann sollen ihm die oben genannten sechs Mark zurückgegeben werden. Wenn hingegen der schon mehrfach genannte Junge während des ersten Jahres stirbt, dann sollen seinen Angehörigen drei Mark zurückgegeben werden. Für die Übereinkunft verbürgt jener Hermann sein gesamtes Gut, das er besitzt und von jetzt an in nächster Zeit besitzen wird.

Übersetzt aus: Friedrich Keutgen, Urkunden zur städtischen Verfassungsgeschichte, Aalen 1965, S. 418.

Festsetzung von Bauhandwerkerlöhnen durch den Stadtrat. Wegen der vielfach beklagten Lohnforderungen setzte der Rat der Stadt Speyer 1342 für bestimmte Handwerkergruppen die Löhne fest: 28

Steinmetze, Maurer, Zimmerleute, Dachdecker, Kleiber (Bauhandwerker, die Lehmwände machten und verputzten) und Faßbinder täglich 30 Heller oder 18 Heller und volle Verpflegung auf der Baustelle. Darüber hinaus darf niemand etwas zusagen oder geben, seien es Hosen, Röcke oder Wein zu den Mahlzeiten. Niemand darf eine Arbeit unvollendet liegen lassen. Wer entgegen dieser Bestimmung trotzdem einen höheren Lohn fordert, zahlt eine hohe Strafe und muß für zwei Monate die Stadt verlassen.

Zusammengefaßt nach: Quellen zur Wirtschafts- und Sozialgeschichte mittel- und oberdeutscher Städte im Spätmittelalter, a. a. O., S. 190—193.

Bündnis der Schneiderzünfte aus 21 Städten zu gemeinsamem Handeln gegenüber den Gesellen, 1457: 29

Die Schneidermeister aus Mainz, Straßburg, Worms, Speyer, Frankfurt, Landau, Heidelberg, Oppenheim, Bingen, Koblenz, Alzey, Odernheim, Heilbronn, Wimpfen, Aschaffenburg, Kaiserslautern, Neustadt, Laudenburg, Butzbach, Gelnhausen und Kreuznach verkünden folgende Beschlüsse:

- Man soll einem Gesellen wie bisher nicht mehr als zwei Pfund Heller Jahreslohn geben.
- Wenn ein Geselle gegen den Willen seines Meisters vor Ablauf der Vertragszeit die Arbeit aufgibt, soll er von keinem anderen Meister eingestellt werden.
- Ein Geselle soll im Laufe von 14 Tagen aus persönlichen Gründen einen Tag fehlen dürfen (gegen Abzug etwa eines Wochenlohnes).
- Falls ein Meister seinem Gesellen den Lohn vorenthält, darf dieser beim Zunftmeister vorstellig werden.
- Bei Streit mit dem Meister darf ein Geselle auch das Stadtgericht anrufen.
- Ein Geselle darf in den genannten Städten oder gegenüber einem Kunden seines Meisters nichts Nachteiliges verbreiten.
- Die Gesellen dürfen ohne Erlaubnis des Zunftmeisters keine Versammlung abhalten.
- Man möchte auch die Zünfte anderer Städte in diesem Bündnis aufnehmen.

Zusammengefaßt nach: Quellen zur Wirtschafts- und Sozialgeschichte mittel- und oberdeutscher Städte im Spätmittelalter, a. a. O., S. 324—328.

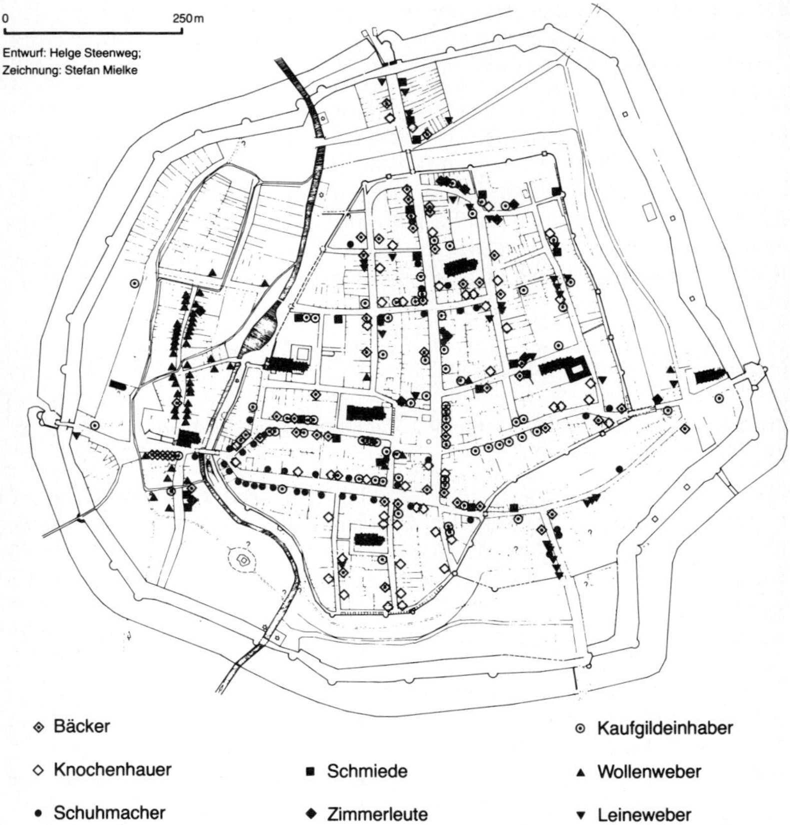

Abb. 18: Die Wohnbezirke einzelner Berufsgruppen in Göttingen um 1459.

30 **Kritik am Zunftwesen.** In der „Reformatio Sigismundi" von 1439 heißt es:

Es ist auch zu wissen, daß in den Reichsstädten Zünfte erdacht worden sind. Wer das je erlaubt oder erdacht hat, der bedarf weder Betens noch Almosen; denn es ist eine sehr schädliche Sache, die da entstanden ist, wie Ihr hören werdet. Zum ersten: Die Zünfte sind gewaltig geworden, und setzt man von jeder Zunft drei oder vier in den Rat, um der Gemeinde und Stadt Nutzen und Ehre zu fördern, so ist das fromm und recht. Aber eins: Die arme Gemeinde, die ist betrogen; jeder mißbraucht sein Handwerk, das er betreibt, dazu, daß er der Stadt gegenüber nicht ehrlich ist und der Gemeinde Übles zufügt, sei es im zu kleinen Backen, zu teuren Metzgern und dergleichen, das soll nun bestraft werden; der Stadt Ehre und den Nutzen der Gemeinde betreiben sie nicht. Es sagt ein Handwerk dem andern: „Ich übersehe Dir etwas, tu Du das auch mit mir; dann wirst Du genauso Deinen Vorteil haben wie ich." Sie werden bald meineidig; sie bedenken nicht, was sie geschworen haben, und es geht oft unordentlich und schlimm zu; sie machen auch viele schlimme Gesetze, die weder der Stadt noch der Gemeinde nützlich und gut sind . . .

Übersetzt nach: Quellen zur Wirtschafts- und Sozialgeschichte mittel- und oberdeutscher Städte im Spätmittelalter, a. a. O., S. 298 f.

Frauen

Frauen genossen in der mittelalterlichen Stadt ein relativ hohes Maß an Anerkennung und Selbständigkeit. Häufig waren Frauen gemeinsam mit ihrem Mann im Handwerksbetrieb oder Handelsunternehmen tätig. Witwen konnten den Betrieb ihres Mannes allein fortführen und dann auch Mitglied der Zunft werden. Ebenso traten sie gegenüber dem Stadtrat als selbständiger Haushaltsvorstand auf. Allgemein üblich waren „flankierende Maßnahmen" des Stadtrates, um die Heirat einer Meisterswitwe oder Bürgerstochter attraktiver zu machen; Zielgruppe waren Handwerker, die nach Übernahme eines bestehenden Betriebes strebten, und von auswärts zugezogene Neubürger. Rat und Zünfte handelten dabei in gemeinsamer Verantwortung – der Frauenüberschuß lag im Spätmittelalter immerhin bei 10 % bis 25 % (Frankfurt 10 %, Köln 20 %, Nürnberg 21 %, Basel 25 %). In Anbetracht des großen Frauenüberschusses kam auch den Klöstern und Beginenheimen eine wichtige Funktion zu. (Q. 9, 14, 15, 43, 57 u. 60.)

Erfolgreiche Kölner Frauen in Handel und Gewerbe des späten Mittelalters 31

Der Anteil der Frauen am Kölner Gewürzimport lag 1460/68, je nach Gewürz verschieden, zwischen 1,2 und 19,6 Prozent. Auch im Handel mit Metallen und Metallwaren fällt der Frauenanteil ins Gewicht. Unter den Messinghändlern machten fünf Frauen 14 Prozent der Importeure aus und bestritten 19,2 Prozent der Messingeinfuhren, für die 1452–80 Akzise gestundet wurde. Für den Zeitraum von 1452 bis 1459 beträgt der Frauenanteil 30,3 Prozent. Der Stahlimport der Cathringen Broelmann (1497–1501, 1506–1509) stand mit einem Marktanteil von 19,8 Prozent nur geringfügig dem des größten Stahlimporteurs Gerhard Betgin mit 22 Prozent nach. Hohen Anteil an den Importen der Metalle und Metallwaren haben oft Handwerkerfrauen, die für ihre Ehemänner die Rohstoffe besorgten. Es ergibt sich also eine Arbeitsteilung in dem Sinne, daß die kaufmännischen Aktivitäten den Frauen, denen das Schmiedehandwerk kaum praktische Arbeitsmöglichkeiten bot, obliegen, die in anderen Gewerbezweigen (Garnbereitung, Goldspinnerei, Seidengewerbe) den Männern zufielen, während die Frauen das Handwerk aus-

Abb. 19: Kauffrau in ihrer Schreibkammer. (Aus einer 1571 erschienenen Abhandlung über die Arithmetik)

übten. Beträchtlich war der Anteil der Frauen am Gewandschnitt, das bedeutet die Berechtigung zum Tuchverkauf en détail. Unter den sieben Frauen, die für mehr als 100 Tuche Akzise zahlten, sind fünf Nachfolgerinnen ihrer Ehemänner; Stina van Waveren hat über 20 Jahre lang den Tuchhandel ihres Mannes Wilhelm auf voller Höhe unterhalten; ihr durchschnittlicher Anteil am Kölner Gewandschnitt lag bei 19,2 Prozent im Jahr; sie war auch im Weinhandel tätig ... Ein Überblick über die Organisationsformen der weiblichen Handelstätigkeit belegt häufig Beteiligungen an Handelsgesellschaften, Handelsreisen – allerdings mit engerem Reisehorizont als dem der Männer – und eine der männlichen ebenbürtige Führung von Rechnungs- und Haushaltungsbüchern.

Ennen, Frauen im Mittelalter, München 1987, S. 163 f.

32 Berufe Frankfurter Frauen im Spätmittelalter

Die Verfertigung von Schnüren und Bändeln, Hüllen und Schleiern, Knöpfen und Quasten ist ganz in Frauenhänden. Wie an der Schneiderei beteiligen sie sich an der Kürschnerei, Handschuh- und Hutmacherei, verfertigen Beutel und Taschen, lederne Brustflecke und Sporleder. Selbst bis in die kleine Holz- und Metallindustrie reicht ihre Tätigkeit: Nadeln und Schnallen, Ringe und Golddraht, Besen und Bürsten, Matten und

Körbe, Rosenkränze und Holzschüsseln gehen aus ihren Händen hervor. Die Feinbäckerei scheint vorzugsweise ihnen obgelegen zu haben; fast ausschließlich beherrschen sie die Bierbrauerei und die Herstellung von Kerzen und Seife. In dem außerordentlich spezialisierten Kleinhandel überwiegen sie: Obst, Butter, Hühner, Eier, Heringe, Milch, Käse, Mehl, Salz, Öl, Senf, Essig, Federn, Garn, Sämereien werden fast nur von ihnen vertrieben. Das Hockenwerk und das Trödelgeschäft, ja selbst der sehr entwickelte Handel mit Hafer und Heu sind vielfach in den Händen von Frauen. In den Badstuben Frankfurts bedienten 30–40 Bademägde; ja man konnte sich zuweilen selbst von zarten Händen rasieren und immer in den Weinschenken sich von weiblichen Musikanten wie Lauten- und Zimbelschlägerinnen, Pfeiferinnen, Fiedlerinnen und Schellenträgerinnen etwas vorspielen lassen. ... selbst im städtischen Dienst werden Frauen verwendet, nicht bloß als Hebammen und Krankenpflegerinnen, sondern selbst als Schlaghüterinnen, Pförtnerinnen, Turmwächterinnen, Zöllnerinnen und beim Hüten des Viehs. Unter den 11 Personen, welchen der Rat 1368 das Geldwechselgeschäft übertragen hatte, werden nicht weniger als sechs Frauen genannt; wir begegnen einer Frau als Pächterin des Leinwandzolls und einer anderen als Aufseherin und Einnehmerin in der Stadtwaage. Im 14. Jahrhundert findet sich häufig eine weltliche Schulmeisterin ... Zwischen 1389 und 1497 konnten in Frankfurt nicht weniger als 15 Ärztinnen mit Namen nachgewiesen werden.

K. Bücher, Die Frauenfrage im Mittelalter, Tübingen 1910, S. 21 ff.

Die Rolle von Frauen in Handwerkerzünften. Rechte der Frauen im Schuhmacheramt von Osnabrück, 1474: **33**

... sind wir, Gildemeister und das ganze Amt des ehrlichen Schuhmacheramtes zu Osnabrück, einträchtig und alle gemeinsam uns einig geworden und geben aus dringender Ursache ... allen ehrlichen Frauen, die derzeit zum Amt gehören und Gebrauch davon machen, folgende Zusicherung:

1. als erstes setzen wir also fest und gedenken es fortan zu halten, wenn einer Frau aus unserem Amt der Mann gestorben ist und sie Witwe ist, daß sie dann von der Gnade Gebrauch machen kann und jemanden in das Amt hineinheiraten kann; dieser Geselle oder Mann soll frei und ehelich geboren sein; die Bedingung ist jedoch, daß die Frau ihren Witwenstand unbescholten und ehrbar gehalten hat.

4. Als viertes sodann folgende Regelung: Wenn eine Frau aus unserem Amt in der Öffentlichkeit in übles Gerede gekommen ist – zu ihres Mannes Lebzeiten oder nach dessen Tod – und wenn sie diese Anwürfe vor den Gildemeistern und vor dem Amt nicht entkräften konnte, dann soll sie die Freiheit und Mitgliedschaft unseres Amtes verlieren.

Übersetzt aus: Keutgen, Urkunden, a. a. O., S. 399 f.

34 **Voraussetzung für Ehefrauen von Zunfthandwerkern.** Aus der Satzung der Glaser, Maler, Sattler, Riemenschläger, Taschenmacher, Beutelmacher und Plattenschläger (Hamburg, 1375):

5. Der Mann, der eine übel beleumundete Frau heiratet, soll des vorher beschriebenen Amtes nicht würdig sein.

Übersetzt aus: Keutgen, Urkunden, a. a. O., S. 405.

Geistliche

Die zahlreichen Stiftungen des späten Mittelalters – es handelte sich um neue Altäre, große Messen, die jährliche namentliche Erwähnung Verstorbener oder auch nur ein pauschales stummes Gedenken – führten zur Schaffung immer neuer Stellen für Geistliche. An der St. Johannis-Kirche in Lüneburg, mit 46 Altären und 160 Vikarien eine der größten norddeutschen Kirchen, haben täglich etwa 100 gottesdienstliche Veranstaltungen stattgefunden.[1] So war die Frömmigkeit der Bürger Voraussetzung für die große Zahl der Geistlichen. Wirtschaftlich waren die Geistlichen eine willkommene Kundschaft. Jedoch kam es auch häufig zu Spannungen, weil die Geistlichen mit ihrem umfangreichen „Besitz zur toten Hand“ nicht bereit waren, die Lasten der Stadt (Steuern, Wehrdienst) mitzutragen (vgl. Q. 9 u. 16).

[1] Vgl. Ernst Döll, Die Kollegiatstifte St. Blasius und St. Cyriacus zu Braunschweig. Braunschweiger Werksstücke, Bd. 36, Braunschweig 1967, S. 164.

35 **Sonderrechte für Geistliche in Fritzlar,** durch ein Privileg der Bürgerschaft, 1301:

Daher wollen wir, Schultheiß, Schöffen, Ratsleute und die übrigen Bürger der Stadt Fritzlar, es möchten alle, die diese Urkunde einsehen werden, wissen, daß wir in Rücksicht auf die Freundschaft und das Wohlwollen, das wir den ehrwürdigen Ordensherren, dem Komtur und den Brüdern des Deutschen Hauses bei Marburg, entgegenbringen, geflissentlich und in allgemeiner Übereinstimmung, zum Vorteil besagter Brüder das nachstehende, von uns unverbrüchlich einzuhaltende Privileg gewähren: Haus, Hof und Hofstatt der genannten Brüder in der Fleminggasse – in der jetzt bestehenden Ausdehnung, zwischen dem Hof des Konrad Walpurgis auf der einen und dem Haus des Arnold, genannt Mönch von Heida, auf der anderen Seite – und auch die Brüder selbst, sei es, daß sie den Hof in eigener Person bewohnen wollen, ihn mit irgendwelchen Personen besetzen werden, oder wer in ihrem Namen darin wohnen wird, ihr Gesinde und ihre Habe sollen von Wacht[geld], Mauerwacht, Steuern, Diensten und jeglichen Abgaben frei und ledig sein; dabei nehmen wir die oft genannten Brüder als unsere Mitbürger auf, und wir sind auch willens und versprechen, sie so gut wir können in all ihrer Freiheit vor jedem Angriff und jeder Beschwerde wie unsere anderen Mitbürger zu verteidigen und zu schützen.

Jegliche Güter, die sie etwa in die Stadt einführen, Lebensmittel, Getreide, Korn und alle bewegliche Habe, können sie überdies – ohne irgendwelche Behinderung durch Verbot oder Beschlagnahme unsererseits – zu jeder Zeit und Stunde frei nach ihrem eigenen Ermessen wieder ausführen, es sei denn, äußerste Not wie Einschließung oder Belagerung würde die obengenannte Stadt, was Gott verhüte, drücken. Dann allerdings sollen die genannten Brüder um der Rettung dieser Stadt willen, wenn es um Ausfuhr und Verkauf ihres Getreides geht, nach unserem Ratschlag das tun, was angemessen und freundlich sein mag.
Wenn außerdem die Brüder in ihren obengenannten Hof einen Laien aufnehmen oder eine weltliche Person, die Handelsgeschäfte treiben möchte, so soll diese Person nach ihrem Vermögen bei Bürgersteuern das aufbringen, was ein anderer Bürger aufbringen muß.

Quellen zur Wirtschafts- und Sozialgeschichte mittel- und oberdeutscher Städte im Spätmittelalter, a. a. O., S. 143, 145.

Juden

Juden lebten vor allem in den Reichsstädten an Rhein und Donau, einem schon zur Zeit der Römer mit Städten dicht besetztem Gebiet. Als Nichtchristen waren sie allerdings keine „Bürger" im mittelalterlichen Rechtssinne, sondern nur „Einwohner", hatten daher auch zu Genossenschaften wie Zünften oder Gilden keinen Zutritt. So wurden sie wirtschaftlich vorwiegend auf Handel und Geldverleih eingeschränkt. Weil sie ihre Religion und besondere Lebensweise nicht aufgaben, blieben sie in der christlichen Umwelt isoliert und waren als Geldverleiher Anfeindungen und Verfolgungen ausgesetzt. Die großen Pogrome ereigneten sich im Zusammenhang mit den Kreuzzügen und den Pestepidemien um 1350.
Der Schutz der Juden war dem König vorbehalten, war also ein Regal. Für diesen Schutz hatten die Juden Abgaben von stattlicher Höhe zu zahlen. 1241 erhielt der König von seinen Juden 947 Mark, das war $1/8$ der gesamten Geldeinnahmen von den Reichsstädten und -dörfern. Die größten Zahlungen kamen aus Straßburg (200 M), Worms (130 M.), Speyer und Kaiserslautern (je 80 M.), Basel (40 M.), Eßlingen (30 M.), Boppard und Sinzig (je 25 M.), sowie aus der Wetterau (150 M.). Juden und ihre Abgaben konnten auch als Lehen vergeben oder verpfändet werden.

Kaiserliches Privileg. Kaiser Friedrich I. regelte die Stellung der Juden von Worms 1157 in einem Privileg: **36**

Im Namen der heiligen und ungeteilten Dreifaltigkeit. Friedrich, durch das Walten von Gottes Gnaden Römischer Kaiser, allzeit Mehrer des Reiches. Allen Bischöfen, Äbten, Herzögen, Grafen sowie allen, die den Gesetzen Unseres Reiches unterworfen sind, möge es bekannt sein, daß Wir den Juden von Worms und ihren übrigen Genossen die Erlasse Unseres Urgroßvaters, des Kaisers Heinrich, aus der Zeit Salomons, des

Bischofs dieser Juden, kraft Unseres Amtsgebots auch mit einer Urkunde von Uns bestätigen, durch ein Gesetz, das immer gelten soll.
(1) Weil Wir also wollen, daß sie wegen jeglicher Rechtssache nur Uns berücksichtigen müssen, bestimmen Wir kraft Unserer königlichen Würde, daß weder Bischof, Kämmerer, Graf, Schultheiß noch überhaupt sonst jemand, es sei denn sie selbst hätten ihn aus ihrer Mitte erwählt, sich herausnehmen soll, wegen irgendeiner Streitsache oder Abgabe infolge eines Rechtsfalles mit ihnen oder gegen sie zu verhandeln, es sei denn allein derjenige, den der Kaiser aufgrund ihrer Wahl, wie zuvor gesagt, über sie setzt – besonders da sie Unserer Kammer zugehören –, wie es uns gut dünkt. *(2)* Von den Sachen, die sie nach Erbrecht besitzen in Form von Grundstücken, Gärten, Weinbergen, Äckern, Knechten oder sonstigem beweglichem oder unbeweglichem Hab und Gut, soll sich keiner vermessen, irgendetwas wegzunehmen. In dem Freiraum, den sie an Baulichkeiten an der Stadtmauer innerhalb und außerhalb besitzen, soll sie keiner behindern. Wenn aber einer versucht, sie gegen diesen Unseren Erlaß irgendwie zu belästigen, so ist er schuldig wider Unsere Huld, er muß ihnen aber die Sachen, die er gestohlen hat, in doppelter Höhe zurückerstatten.
(3) Sie sollen auch die freie Befugnis haben, in der ganzen Stadt mit jedermann Silber zu wechseln, ausgenommen lediglich vor dem Münzhaus oder wo sich andere Münzleute zum Wechseln niedergelassen haben.
(4) Innerhalb des Gebietes Unseres Reiches dürfen sie frei und friedlich umherziehen, um ihre Geschäfte und ihren Handel auszuüben, um zu kaufen und zu verkaufen; und keiner soll von ihnen Zoll fordern noch irgendeine öffentliche und private Abgabe erheben.
(5) In ihren Häusern sollen ihnen ohne ihre Einwilligung keine fremden Gäste aufgeladen werden. Keiner soll von ihnen ein Pferd für einen Zug des Königs oder Bischofs oder Frondienste für einen königlichen Heereszug fordern.
(6) Wenn aber Diebsgut bei ihnen gefunden wird, und wenn der Jude sagt, er habe es gekauft, soll er durch einen Schwur nach seinem Gesetz beweisen, wie teuer er es gekauft hat, und soviel soll er dafür erhalten und die Habe demjenigen, dem sie zu eigen war, zurückerstatten.
(7) Niemand soll sich herausnehmen, deren Söhne oder Töchter gegen ihren Willen zu taufen, doch falls er gewaltsam Gefangengenommene, heimlich Geraubte oder Gezwungene tauft, soll er zwölf Pfund Gold an das Schatzamt des Königs zahlen. Wenn aber einer von ihnen freiwillig getauft werden will, so soll dies drei Tage aufgeschoben werden, damit man eindeutig erkennen kann, ob er wirklich wegen des christlichen Glaubens oder wegen eines ihm zugefügten Unrechts sein Gesetz verlassen will ...
(8) Auch soll keiner ihre heidnischen Knechte unter dem Vorwand christlichen Glaubens taufen.

Abb. 20: Geldgeschäfte der Juden: Kreditvergabe gegen Pfand und Berechnung der Zinsen am Rechentisch. (Aus einem Aufruf gegen Wucher, um 1484)

(9) Es soll ihnen erlaubt sein, christliche Mägde und Ammen zu halten und Christen zum Ausführen von Arbeiten zu mieten, ausgenommen an Festtagen und an Sonntagen; dagegen darf auch kein Bischof oder Geistlicher Einspruch erheben. *(10)* Es soll ihnen nicht erlaubt sein, einen christlichen Knecht zu kaufen.

(12) Niemand soll einen Juden zum Gottesurteil mit glühendem Eisen, heißem oder kaltem Wasser zwingen, mit Ruten geißeln noch in den Kerker werfen, vielmehr soll er seinem Gesetz gemäß nach vierzig Tagen schwören. Niemand soll in irgendeiner Streitsache durch Zeugen, es sei denn durch Juden und Christen gemeinsam, überführt werden können. In jeder Rechtssache dürfen sie das königliche Hofgericht anrufen, Fristen sollen ihnen gewährt werden. Wer immer sie gegen diese Unsere Verfügung belästigt, soll dem Kaiser die Bannbuße, das sind drei Pfund Gold, zahlen.

(13) Wenn jemand gegen einen von ihnen einen Plan ausheckt oder ihm nachstellt, um ihn zu töten, so sollen beide, Ratgeber und Mörder, zwölf Pfund Gold an das Schatzamt des Königs zahlen. Wenn er ihn aber verwundet, nur nicht tötlich, soll er ein Pfund Gold Buße zahlen. Und wenn es ein Knecht ist, der ihn tötet oder verwundet, soll sein Herr das obengenannte Bußgeld leisten oder den Knecht zur Bestrafung ausliefern. Wenn er nun aus Armut das Genannte nicht zahlen kann, soll er mit derselben Strafe belegt werden, mit der zu Zeiten Kaiser Heinrichs, Unseres Urgroßvaters, derjenige gestraft wurde, der den Juden namens Vivus getötet hat, und zwar sollen ihm die Augen ausgestochen und die rechte Hand abgeschlagen werden.

(14) Wenn die Juden einen Streit oder eine Rechtssache untereinander

zu entscheiden haben, sollen sie von ihresgleichen und nicht von anderen Leuten gerichtet werden. Und wenn unter ihnen einmal ein Treuloser die Wahrheit über eine unter ihnen verübte Tat verheimlichen will, so soll er dem, der ihr Bischof ist, die Wahrheit zu bekennen gezwungen werden. Wenn sie aber wegen einer großen Sache beschuldigt werden, sollen sie eine Frist beim Kaiser erhalten, wenn sie wollen.
(15) Außerdem sollen sie die Erlaubnis haben, ihren Wein, Kräuter und Arzneien an Christen zu verkaufen, und, wie Wir vorher gesagt haben, keiner soll von ihnen Spannpferde, Frondienste oder irgendeine öffentliche oder private Abgabe fordern.

Quellen zur deutschen Verfassungs-, Wirtschafts- und Sozialgeschichte bis 1250, a. a. O., S. 241, 243, 245, 247.

37 **Ausschluß von öffentlichen Ämtern.** Kaiser Friedrich II. verlieh der Stadt Wien die Reichsunmittelbarkeit (1237) – dabei wurden die Rechte der Juden eingegrenzt:

In getreuer Befolgung unserer Pflichten als rechtmäßiger Herrscher schließen wir die Juden von der Ausübung öffentlicher Ämter aus, damit sie nicht unter einem Amtsvorwand Christen in Bedrängnis bringen – weil die rechte Herrschergewalt seit alten Zeiten als Strafe wegen des von Juden begangenen Frevels eben diesen Juden ewige Knechtschaft auferlegt hat.

Übersetzt nach: Keutgen, Urkunden, a. a. O., S. 211.

38 **Judenpogrome.** Die Limburger Chronik berichtet:

Als man das Jahr 1349 schrieb, kam ein großes Sterben über Deutschland; das wird das erste große Sterben genannt. Die Menschen starben an einer Erkrankung der Drüsen; wenn einen diese Krankheit befiel, war es gewöhnlich am dritten Tage mit ihm zu Ende. Und so starben die Menschen in den großen Städten, in Mainz und Köln, hundert am Tag oder mehr; und in den kleinen Städten wie Limburg starben täglich 20, 24 oder 30. Das ging so in einigen Städten und Landschaften dreiviertel Jahre lang, ein Jahr oder länger. In Limburg fanden über 2400 Menschen den Tod, außer den Kindern.
Als nun das Volk den großen Todesjammer sah, der das Erdreich befallen hatte, da empfanden alle Menschen heftige Reue über ihre Sünden und suchten Buße zu tun. Aber sie verfuhren nach eigenem Willen und baten den Papst und die hl. Kirche nicht um Rat und Hilfe; das war große Torheit und Versäumnis und wurde ihren Seelen zum Verderben. Und die Männer in den Städten und auf dem Lande sammelten sich zu Hauf und zogen mit Geißeln dahin, je zweihundert oder dreihundert ...
Am darauffolgenden Weihnachtsfest nahm das päpstliche Jubeljahr sei-

nen Anfang. Da liefen die Leute nach Rom, auch diejenigen, die den Geißlern nachgezogen waren; und als sie von Rom zurückkamen, waren sie zum Teil nicht besser, sondern böser als vorher.

In diesem Jubeljahr, als das Sterben aufhörte, wurden überall in Deutschland die Juden erschlagen und verbrannt.[1] Das taten die Fürsten, Grafen, Herren und Bürger; nur der Herzog von Österreich schützte seine Juden. Man beschuldigte aber die Juden, daß sie die Christen vergiftet hätten und daß daher so viele gestorben wären.

Als nun ein Jahr nach dem Sterben, den Geißlerfahrten, der Romreise und der Judenverfolgung vergangen war, da hub die Welt wieder an, sich des Lebens zu freuen und fröhlich zu sein, und die Männer erfanden eine neue Kleidung. Die Röcke waren unten ohne verzierten Besatz und nicht um die Lenden abgeschnitten, sondern gingen fast bis an die Knie und waren so eng, daß kein Mann darin ausschreiten konnte. Dann machten sie die Röcke ganz kurz, nur eine Handbreit über den Gürtel hinaus. Auch trugen sie weite Mäntel, lange oder kurze, die waren ganz rund geschnitten; die hieß man Glocken. Damals kam auch die Mode mit den Schnabelschuhen auf, und die Frauen trugen oben ausgeschnittene Hemden.

Chroniken der deutschen Städte, Limburger Chronik, 1, 31 ff.; aus: Hermann Pinnow, Bürgervolk, Leipzig 1931, S. 20 f.

[1] Andere Chroniken berichten, daß die Judenverfolgungen beim Ausbruch der Pest begannen.

3. Die „Freiheit" der Bürger

Die Aufnahme in eine Bürgerschaft, d. h. die Erlangung des Bürgerrechts einer bestimmten Stadt, setzte voraus, daß der Betreffende nicht den Bindungen eines Hörigen unterlag bzw. diese nicht mehr wirksam geltend gemacht werden konnten. Wohnten Hörige in der Stadt ihres eigenen Herrn, so stand es diesem Stadtherrn frei, die Abhängigkeit seiner Eigenleute zu lockern oder auch ganz aufzuheben. Wer nicht durch Geburt oder formelle Aufnahme das Bürgerrecht erlangt hatte, war nicht „Bürger", sondern nur Einwohner der Stadt.

Ein einheitliches Bürgerrecht gab es nicht, sondern immer nur auf die Bürger einer bestimmten Stadt bezogene Regelungen und Zugeständnisse. Welche Pflichten sich gegenüber dem Stadtherrn bzw. der zu Selbständigkeit gelangten Bürgerschaft für diejenigen ergaben, die ihre „Souveränität" in eine Bürgergemeinde eingebracht hatten, hing von den geopraphischen und ökonomischen Gegebenheiten der Stadt ab, von den Privilegien, die man inzwischen erlangt hatte, sowie von der internen politischen Machtverteilung.

39 **Zuzug in die Stadt.** Zuzug nach Regensburg mit Bindung an das Kloster St. Emmeram, 1084:

a) Allen getreuen Christgläubigen, den zukünftigen wie den gegenwärtigen, möge es bekannt sein, daß ein von beiden Eltern her freier Mann namens Liubman seine Gattin namens Irminrat zusammen mit aller Nachkommenschaft seiner Kinder von aller Dienstbarkeit rechtmäßig abgelöst und in die Bedingungen des Stadtrechts überführt hat, so daß sie dem Kämmerer der Brüder nur den jährlichen Zins zu zahlen haben. Geschehen ist dies aber damals in den Tagen, als König Heinrich IV. in Italien weilte, unter Abt Rupert, Propst Pabo, Kämmerer Adalward. Zeugen sind: Engilher, Pabo, Adalhard, Ruprecht, Pilgrim, Ruprecht mit dem Bart, Sachso, Hagano, Richer, Ouzi, Hartwich, Gerold, Winiger, Mazili, Richprecht, Bernhard, Gerold von Muß.

b) Ein Bürger mit Namen Otto übergab dem Altar von St. Emmeram seine Magd mit Namen Richild zusammen mit ihrem Sohn namens Konrad in der Weise, daß diese und deren ganze Nachkommenschaft sich der Bedingungen des Stadtrechts erfreuen. Zeugen sind folgende: Engilher, Mazili, Kuno, Heriger, Ulrich, Richer, Walther.

Quellen zur deutschen Verfassungs-, Wirtschafts- und Sozialgeschichte bis 1250, a. a. O., S. 153, 155.

40 **Eherecht.** Kaiser Heinrich V. gibt den Bürgern von Worms 1114 ein Privileg zum Eherecht:

Im Namen der heiligen und ungeteilten Dreifaltigkeit. Heinrich, durch das Walten von Gottes Gnaden Kaiser, allzeit Mehrer des Reiches. Weil meine Vorgänger, die Könige und Kaiser, kraft ihrer kaiserlichen Würde, Städte und Leute, denen sie besonders verbunden waren, häufig vor den anderen mit besonderer Ehre beschenkten, wollen auch Wir kraft gleicher Vollmacht, es möge allen Fürsten Unseres Reiches bekannt sein, daß Wir einen ehrenvollen Freibrief den Bürgern der Stadt Worms gegeben haben.

Und zwar habe ich die jammervollen Klagerufe dieser Leute und die unendlichen Rechtsverdrehungen, die sie noch erlitten hinsichtlich ihrer Ehen, auf deren Bitten hin und mit Zustimmung meiner Fürsten in der Weise beendet, daß sie künftig wegen dieser Sache keine Veranlassung zur Klage haben. Denn Wir wollen, bestimmen, befehlen: Jedermann – ganz gleich wer er ist und woher er kommt –, der seine Gattin aus seiner eigenen Genossenschaft oder aus einer anderen Hausgenossenschaft dort zur Ehe nimmt oder der als Ehemann von anderswo dorthin kommt, soll ein und dasselbe Recht ohne Unterschied von nun an bis in Ewigkeit haben, so daß kein Vogt deren Ehen durch den Zwang zu einem Eid auflöst; und keine höhere oder niedere Obrigkeit darf beim Tode des Mannes oder der Frau etwas von der hinterlassenen Habe als ihm rechtlich gebührend fordern, sondern so, wie Wir im Folgenden angeordnet haben, soll diese Habe fest besessen werden. Das heißt: Wenn der Mann früher als seine Gattin stirbt, sollen seine Gattin und ihre Nachkommen, die sie von diesem Mann hat, all das, was der Mann an Besitz hinterlassen hat, ohne irgendwelchen Einspruch erhalten, und dasselbe Recht soll von der Frau, wenn sie früher stirbt, auf den Mann übergehen. Wenn aber beide ohne Nachkommen sterben, sollen die nächsten Erben die hinterlassene Habe besitzen.

Quellen zur deutschen Verfassungs-, Wirtschafts- und Sozialgeschichte bis 1250, a. a. O., S. 179, 181.

Garantie der Bürgerfreiheit. König Rudolf von Habsburg sichert 1282 die Bürgerfreiheit in bischöflichen Städten: **41**

Wir Rudolf, von Gottes Gnaden Römischer König, allzeit Mehrer des Reiches, wollen, es möge zur Kenntnis aller Gegenwärtigen wie Zukünftigen gelangen: Als Wir am Festtag der heiligen Jungfrau Barbara [1] zu Ehnheim zu Gericht saßen, wurde vor Uns auf Antrag Unseres lieben Getreuen Konrad, genannt Meyer, Bürger zu Neuß, durch ein allgemeines Weistum der hochwürdigen Bischöfe von Straßburg und von Toul, Unserer Fürsten, und anderer Edlen und Getreuen des Reiches, die anwesend waren, erbeten und erlangt: Wenn ein geistlicher Fürst oder Prälat mit Zustimmung seines Kapitels eine seiner Städte oder Marktorte gefreit und den Bürgern dieser Stadt bzw. dieses Marktortes volles Freiheitsrecht gegeben hat, dann darf noch kann keiner (weder dieser Fürst oder Prälat noch jemand in seinem Namen, auch nicht irgendein Nachfolger dieses Fürsten) diese Bürger gegen diese Freiheit, deren sie sich seit langer Zeit unangefochten erfreuen konnten, aus der Stadt heraus vor Gericht ziehen oder rufen, ausgenommen es gäbe einen rechtmäßigen Grund und dieser Fürst oder Prälat erreichte dies nach der Rechtsordnung durch einen rechtlichen Spruch gegen die Bürger. Indem Wir dieses Weistum [2] durch den Wortlaut des Gegenwärtigen als richtig vorgetragen billigen, wollen Wir, daß es unverletzlich befolgt werde. Zu Urkund dessen haben Wir gegenwärtiges Schriftstück mit dem Siegel Unserer Hoheit versehen lassen.
Gegeben an Tag und Ort wie oben angegeben, im Jahre des Herrn 1282, dem 10. Jahr Unseres Königtums.

Quellen zur Verfassungsgeschichte des Römisch-Deutschen Reiches im Spätmittelalter (1250—1500), a. a. O., S. 155, 157.

[1] 4. Dezember
[2] durch Befragen ermitteltes geltendes Recht

42 **Aufnahme in die Bürgerschaft.** Kölner Bürgereid, um 1355:

Dies sollen diejenigen schwören, die man neu als Bürger in Köln aufnimmt.

1. Zum ersten sollen sie schwören, dem Rat und der Stadt Köln treu zu sein, sich um ihren Nutzen zu bemühen und ihren Schaden abzuwehren, soweit sie davon wissen und vernehmen.
2. Sodann der Sturmglocke zu folgen und eine komplette Harnischrüstung zu haben . . .
3. Wenn sie sodann diesen Eid geleistet haben, soll man ihnen das Bürgerrecht verleihen mit der vollen Freiheit, welche die anderen Bürger haben. Wenn er drei Jahre in Köln wohnhaft und ansässig war, soll er 6 Gulden vom schwersten Gewicht geben; wenn es so ist, daß er weniger als drei Jahre ansässig war, soll er 12 Gulden geben.
4. Außerdem soll man sie fragen, ob sie jemands Eigen(leute) sind. Falls es dann so ist, daß sie jemands Eigen sind, der sie innerhalb eines Jahres nach Ausstellung ihres (Bürger)briefs verlangt, so soll man ihn seinem Herrn folgen lassen, und sein Bürgerrecht soll ihm keinen Schutz geben.

Übersetzt aus: Keutgen, Urkunden, a. a. O., Nr. 182 a, S. 245.

43 **Zusammensetzung der Bevölkerung Nördlingens** um 1550

Gesamtbevölkerung:	ca.	6300	Einwohner
davon:		1218	Vollbürger (Handwerker und Händler)
	ca.	100	Pfahlbürger [1]
	ca.	500	volljährige Bürgerssöhne und Handwerksknechte
	ca.	500	Untertanen des Spitals

Über die Zusammensetzung der restlichen Bevölkerung (Frauen, Kinder, Unterschichten) gibt es keine Statistik.

Franz Xaver Meyer, Ausflug in die Vergangenheit — eine Exkursion in das mittelalterliche Nördlingen, in: Herbert Dandl, Franz Xaver Meyer, Peter Rink, Die Stadt im Mittelalter, München 1986, S. 75.

[1] Pfahlbürger besaßen das Bürgerrecht einer Stadt, lebten aber auf dem Lande (zumeist Freie und niedere Adelige); dadurch konnten sie sich dem Zugriff der Territorialherren entziehen.

III. Die „Regierung“ der Städte

Thema dieses Abschnittes ist die Stadt als politisches Gebilde. Dabei handelt es sich nicht um eine statische Erscheinung, sondern jeweils um das Ergebnis eines flexiblen, mitunter auch sprunghaften Prozesses. Die Stadt befreite sich, pauschal gesehen, aus ihrer engen Bindung an den Stadtherrn und wurde zu einer autonomen Einheit. Dem entspricht die Herauslösung der Stadtbewohner aus ursprünglichen stadtherrlichen, mitunter auch grundherrlichen Bindungen und die Emanzipation zum „Bürger“. Die Freiheit *von* Herrschaftsbeziehungen gab die Freiheit *zu* einer Gestaltung wichtiger Lebensbereiche in gemeinsamer Selbstverwaltung. In der Verantwortung für die Stadt standen – auf ein einfaches Schema reduziert – Stadtherren, Patrizier, Zünfte.

1. Vom stadtherrlichen Regiment zur Selbstverwaltung der Bürger

Stadtgeschichte beginnt in ihrer frühen Phase mit einer Stadtherrschaft, die strukturell vieles mit der Grundherrschaft gemeinsam hat. Im Zentrum dieser Herrschaft standen Rechte (bestimmte Ansprüche an die Bewohner) und Gewährleistungen (z. B. Schutz) des Stadtherrn in Bezug auf seine Stadt und umgekehrt die entsprechenden Verpflichtungen und Ansprüche der Stadtbewohner. Das Typische ist hierbei das Verhältnis auf Gegenseitigkeit. Darin unterscheidet sich mittelalterliche Herrschaft von modernen Herrschaftsformen. Stadtherrschaft war nicht so intensiv wie Grundherrschaft, sondern ließ viel individuellen Spielraum. Auf dieser Basis konnten auch einzelne Elemente aus dem Herrschaftskomplex herausgelöst werden und „politische“ Veränderungen einleiten.

Stadtherrliche Rechte

Die Rechte des Stadtherrn. Auszug aus dem ältesten Straßburger Stadtrecht 44
(12. Jh.), in dem der Bischof seine Rechte gegenüber den Einwohnern seiner Stadt Straßburg beurkundet und begrenzt:

5. Alle Beamten dieser Stadt unterstehen der Herrschaft des Bischofs ...
7. Die vier Beamten, aus denen das Stadtregiment besteht, setzt der Bischof selber in ihr Amt ein, nämlich den Schultheißen, den Burggrafen, den Zolleinnehmer und den Münzmeister.
10. Der Schultheiß soll bei Diebstahl, Frevel und Geldschulden über alle Bürger der Stadt und alle aus dem Bistum Hereinkommenden richten ... ausgenommen die Ministerialen und zur Kirche gehörigen sowie vom Bischof beauftragten Leute.

44. Zum Amt des Burggrafen gehört die Bestellung der Meister für fast alle Gewerbe in der Stadt ... Über diese hat er die Gerichtsbarkeit, wenn sie in ihrer Amtsführung etwas vernachlässigen.
88. Dem Bischof steht das Recht auf 24 Boten aus dieser Stadt zu – und zwar ausschließlich aus dem Stand der Kaufleute. Ihre Aufgabe besteht nur darin, innerhalb des Bistums Botendienste an seine Leute auszuführen.
92. Wenn der Kaiser oder König kommt, sind dessen Pferde überall aufzunehmen und zu betreuen.
93. Es müssen auch alle Bürger jährlich fünf Tage Herrendienste leisten ...
103. Nach dem Schmiede-Recht muß jeder Schmied die Eisenteile für die Ausrüstung von vier Pferden geben, wann immer der Bischof auf einen Heereszug des Kaisers geht ...
104. Wenn der Bischof zu einem Hoftag geht, soll jeder zwei Ausrüstungen geben ...
105. Außerdem sollen die Schmiede alles aus Eisen Anzufertigende herstellen, was der Bischof in seinem Palast benötigt, sei es an Toren, Fenstern oder Möbeltüren. ...
106. Wenn der Bischof eine Burg belagert oder selber belagert wird, sollen sie dreihundert Pfeile liefern ...
107. Sie sollen die Schlösser und Ketten für die Stadttore herstellen ...
115. Die Müller und Fischer sollen den Bischof zu Wasser fahren ...

(In gleicher Weise sind die Verpflichtungen aller Handwerke gegenüber dem Bischof festgelegt; meistens sollte der Materialaufwand über eine bestimmte Grundmenge hinaus erstattet werden.)

Übersetzt nach: Keutgen, Urkunden, a. a. O., S. 93—102.

45 **Teilung, Vererbung, Erwerb und Verleihung stadtherrlicher Rechte.** Aus der Gründungsurkunde des Herzogtums Braunschweig-Lüneburg von 1235 durch Kaiser Friedrich II.:

Außerdem haben Wir die Stadt Braunschweig, – Wir hatten sie als Eigenherrschaft zur Hälfte vom Markgrafen von Baden, zur anderen Hälfte vom Herzog von Bayern, Unseren lieben Fürsten, gekauft aus dem Anteil ihrer Gemahlinnen, ehemals Töchter Heinrichs von Braunschweig, des Pfalzgrafen bei Rhein, eines Oheims dieses Otto, – auf diesem Hoftag ebenfalls dem Reich verliehen, wobei Wir das Uns zustehende Eigentum der Herrschaft des Reiches aufgelassen haben.

... Darum haben Wir mit Rat, Zustimmung und Beistand der Fürsten die Stadt Braunschweig und die Burg Lüneburg mit allen ihren Burgen, Leuten und Zubehörstücken zusammengetan und daraus ein Herzogtum geschaffen, und kraft Unseres kaiserlichen Amtes haben Wir Unseren genannten Blutsverwandten Otto zum Herzog und Fürsten gemacht und ihm dieses Herzogtum als Lehen des Reiches verliehen.

Quellen zur deutschen Verfassungs-, Wirtschafts- und Sozialgeschichte bis 1250, a. a. O., S. 487, 489.

Übergang der Stadtherrschaft in die Selbtsverwaltung patrizischer Stadträte

Bis zum Ende des Mittelalters gelang es den Bürgern der meisten Städte, von ihren Stadtherrn nach und nach stadtherrliche Rechte übertragen zu bekommen. Das betraf insbesondere Markt, Münze, Gericht, Verteidigung, Zünfte und Besetzung der Pfarrstellen. Häufig wechselten diese Rechte auf dem Pfandwege. Günstig war es, wenn sich die stadtherrlichen Rechte, wie in Braunschweig, durch Erbteilung in verschiedenem Besitz befanden. Die neu entstehenden Rathäuser – statt der älteren Amtssitze (Burgen u. a.) der vom Stadtherrn beauftragten Amtmänner – sind ein Symbol der bürgerlichen Selbstverwaltung. Allerdings wurde diese Selbstverwaltung lange Zeit ausschließlich von den Patriziern (Kaufleute, reiche Zünfte) ausgeübt, die ja auch die Ablösebeträge aufgebracht hatten.

Beginn der Selbstverwaltung durch Einsetzung eines Stadtrates. Aus dem **46**
zweiten Straßburger Stadtrecht, 1214:

Im Namen der heiligen und ungeteilten Dreifaltigkeit. Amen. Allen jetzigen und künftigen gläubigen Christen sei bekannt, daß die Weiseren und Vornehmeren der Bürger Straßburgs in ihrer Liebe zu Recht und Gerechtigkeit, geleitet von vernünftiger Überlegung, übereingekommen sind und mit Zustimmung und Rat des Herrn Bischofs, seines Vogtes und aller für die Leitung dieser Stadt Maßgeblichen die folgenden Bestimmungen aufsetzten und niederschreiben ließen:

1. Es ist festgelegt, daß zwölf oder notfalls mehr ehrenwerte und geeignete, kluge und hervorragende Personen sowohl aus den Ministerialen wie auch aus den Bürgern jährlich zu Ratsherren der Stadt bestellt werden sollen – unter ihnen soll einer oder notfalls auch zwei zum Bürgermeister gewählt werden; sie alle sollen schwören, getreulich alles zum gegenseitigen Nutzen und Frommen von Kirche, Bischof und Stadt zu unternehmen, die Stadt und die Bürger, groß und klein, reich und arm, nach bestem Können und Wissen vor Schaden zu bewahren und in allen Fällen entsprechend dem Recht gerecht zu richten.
6. Die Ratsherren sollen nicht nach dem Recht der Provinz, das man „Landrecht“ nennt, richten, sondern entsprechend der nachfolgend aufgezeichneten Rechtsordnung und den Satzungen der Stadt:

Es folgen Bestimmungen zur öffentlichen Sicherheit, zum Strafrecht, Privatrecht und Handelsrecht, zur öffentlichen Hygiene und zur Prozeßordnung.

Übersetzt nach: Keutgen, Urkunden, a. a. O., S. 102—107.

47 Entstehungszeit des Stadtrates in den niedersächsischen Städten

Vorläufer	1200—1250	1250—1300	1300—1350	1350—1400	Anf. 15 Jh.
5	14	16	24	29	7

Stadt im Wandel, a. a. O., Bd. 2, S. 1378.

48 Kampf zwischen Bürgerschaft und Stadtherrn um stadtherrliche Rechte

Bericht eines Straßburger Chronisten. Er schildert, wie sich die Bürgerschaft von Straßburg größere Unabhängigkeit von ihrem Stadtherrn, dem Bischof von Straßburg,[1] erkämpfte:

Während des Krieges, als man 1262 Jahre (n. Chr. G.) zählte, am Mittwoch nach dem Sonntag Reminiszere in der Fastenzeit (also am 8. März), zogen die Straßburger aus mit all ihren Berittenen und dem halben Fußvolk. Sie nahmen Steinmetzen und andere Werkleute mit und brachen den Kirchturm zu Mundolsheim ab. Der war gar fest und hoch gemauert, und man fürchtete, der Bischof werde sich dort festsetzen und die Straßen sperren. Während sie noch dabei waren, den Turm niederzulegen, erfuhr es der Bischof und ließ in Molsheim die Glocke läuten; darauf läuteten auch die anderen Städte und Dörfer (die ihm gehörten). In kurzem hatte er sein Kriegsvolk zusammen, gegen 300 Reiter und 5000 Mann zu Fuß. Mit denen zog er von Dachstein gegen die Stadt heran, um den Bürgern eine Schlacht zu liefern. Denn er meinte, anders könne der Krieg kein Ende haben, und vertraute auf seinen Sieg. Darum zog er kampfbegierig gegen die Bürger, die in Mundolsheim den Turm brachen.

Als die das merkten, schickten sie Boten zurück. Die liefen durch die ganze Stadt und riefen, der Bischof rücke heran. Da ließ man die Glokken Sturm läuten, und alle Bürger zogen aus gegen den Bischof. Unterdessen rüsteten sich die Bürger, die draußen waren; auf dem Berge (bei Haldenburg) hielten sie mit aufgeworfenem Banner und sahen, wie die ganze Stadt auszog zu ihrer Unterstützung. Es war so viel Volks, daß man vor lauter Menschen kaum den Erdboden sehen konnte . . .

(Der Bischof verlor den Kampf; er selbst konnte fliehen.)

Am andern Tage schickte der Bischof Geistliche in die Stadt, um über Friede und Versöhnung zu reden; auch hob er das Verbot des Gottesdienstes auf und erlaubte wieder (in den Kirchen) zu singen. Als aber niemand den Streit beilegen konnte, obwohl viele redliche Leute um Frieden warben, verbot er abermals den Gottesdienst und das Singen. Nachdem der Krieg (wieder) bis in die Fastenzeit gewährt hatte, starb der Bischof am Aschermittwoch 1263 nach Gottes Geburt. Man glaubt, daß er vor Leid starb. Und ward begraben zu Dorlisheim. Nach seinem Tode verhandelten die Domherren mit den Bürgern, und der Friede wurde geschlossen.

So kam dieser Krieg zu Ende. In ihm erfochten und erwarben die Bürger für die Stadt Nutz und Ehre, für sich selbst aber und ihre Nachkommen große Freiheit und großes Glück. Denn hätte der Bischof die Rechte gewonnen, auf die er in der Stadt Anspruch zu haben vermeinte, so wäre Straßburg sein eigen worden und in seiner Gewalt gewesen wie Molsheim oder Dachstein. Gott und seine liebe Mutter, die Patronin und Herrin des Münsters und der Stadt, wollten das nicht (über uns) verhängen und werden es auch in Zukunft nicht gestatten, wie wir fest vertrauen. In Gottes Namen, Amen.

Chroniken der deutschen Städte 9, Straßburger Chronik, S. 657 ff., aus: Hermann Pinnow, Bürgervolk, Leipzig 1931, S. 5, 7.

[1] Im Jahre 1260 wurde Walter von Geroldseck Bischof von Straßburg; schon im folgenden Jahr geriet er mit den Bürgern in Streit, weil er Rechte beanspruchte, die ihm die Stadt verweigerte – um welche Rechte es sich handelte, ist unklar.

Aus dem Friedensvertrag des Bischofs, des Domkapitels sowie der Kapitel von St. Thomas und St. Peter in Straßburg mit der Stadt Straßburg von 1263: **49**

1. Der Stadtrat soll bei Ablauf seines Amtsjahres einen neuen Rat und Bürgermeister wählen. Die Gewählten sollen zum Herrn, dem Bischof, kommen und schwören, seine Ehre und die Ehre der Stadt zu wahren und gerechtes Gericht zu halten.
2. Jeder neue Bischof soll das Schultheißenamt [1] nach Belieben an einen Kirchenministerialen oder einen Bürger vergeben. Und der Schultheiß soll zwei ehrbare Bürger als Richter einsetzen; die Amtszeit der Richter endet mit dem Tode des Bischofs bzw. des Schultheißen.
3. Der Bischof besetzt das Burggrafenamt mit einem Kirchenministerialen. Der Burggraf soll aus jedem Handwerk einen sachkundigen Meister bestellen, der in Belangen des Handwerks richtet.
4. Das Zöllneramt soll einem Bürger übertragen werden; er soll gewissenhaft und vertrauenswürdig sein.
5. Das Münzmeisteramt soll einem Einheimischen übertragen werden; dieser soll zum Nutzen des Landes und der Stadt absolut ehrbar und gewissenhaft sein.
6. Die Bürger dürfen ihre Allmende frei nutzen.

Übersetzt und zusammengefaßt nach: Keutgen, Urkunden, a. a. O., S. 107 f.

[1] Schultheißen waren für die hohe Gerichtsbarkeit zuständig.

Urkunde über den Versuch Kaiser Friedrichs II., die Herrschaftsrechte der Stadtherren wiederherzustellen. Um sich freie Hand für seine politischen Interessen in Italien und Sizilien zu schaffen, wollte Kaiser Friedrich II. die stadtherrlichen Rechte der Fürsten wiederherstellen. Er handelte 1232 in Ausübung der „Gewere", d. h. rechtskräftig gesicherten Besitzes, über verliehene Regalien. Nach mittelalterlicher Rechtsauffassung besaß der Lehns- **50**

herr das Obereigentum am Lehnsgut, der Vasall (hier: Erzbischöfe und Bischöfe) das Untereigentum. Das Lehnsgut waren in diesem Falle stadtherrliche Rechte. Dazu gehörte eine auf die jeweilige Stadt bezogene Monopolstellung des verliehenen Münzrechts. Die Entwicklung zu größerer Selbständigkeit vieler Städte konnte dadurch auf Dauer nicht aufgehalten werden.

In dem Willen also, die Fürsten sollten sich der Freiheiten und Geschenke, die Unsere und des Reiches liebe Fürsten aus einem Geschenk Unserer Hoheit jetzt besitzen oder den Zeiten entsprechend besitzen werden, in der weitesten Auslegung erfreuen und sie überhaupt in unangefochtener Freiheit besitzen, widerrufen Wir durch Unsere erlassene Satzung als ungültig und beseitigen in jeder Stadt und jedem Marktort Deutschlands die Gemeindevertretungen, Gemeinderäte, Bürgermeister, Schulzen oder sonstige Amtsleute, die von der Gesamtheit der Bürger ohne Zustimmung der Erzbischöfe oder Bischöfe eingesetzt werden – ganz gleich mit welchem Namen sie bei der Verschiedenheit der Orte bedacht sind. Außerdem widerrufen und beseitigen Wir jedwede Handwerksbruderschaften oder Zünfte, ganz gleich mit welchem Namen sie gemeinhin bedacht werden. Ebenso glaubten Wir in Unserer erlassenen Satzung bestimmen zu sollen, daß in jeder Stadt und jedem Marktort, wo eine Münze rechtmäßig geschlagen wird, weder Handelswaren noch Lebensmittel in irgendeinem anderen Silbergewicht gekauft oder verkauft werden dürfen als nach Pfennigen, die in der jeweiligen Stadt und dem jeweiligen Maktort üblich sind.
Wie also in den vergangenen Zeiten die Leitung der Städte und aller Güter, die von der Erhabenheit des Reiches verliehen werden, den Erzbischöfen und Bischöfen zukam, so soll nach Unserem Willen diese Leitung diesen und den von ihnen eigens eingesetzten Amtsleuten für immer und ewig verbleiben.

Quellen zur deutschen Verfassungs-, Wirtschafts- und Sozialgeschichte bis 1250, a. a. O., S. 431.

2. Kampf um die Beteiligung der Zünfte am Stadtrat

Die Aufnahme bzw. das Eindringen der Zünfte in mittelalterliche Stadträte war im allgemeinen ein langwieriger, selten ein gradliniger Prozeß. In den meisten Fällen waren Gewalt und Rechtfertigungsprobleme mit den politischen Veränderungen verbunden.
Die folgenden detaillierten Darstellungen zum Ablauf und zur Argumentation der Beteiligten beziehen sich auf eine der vielen Braunschweiger Unruhen, die „Schicht“ von 1374/75, und auf die Augsburger Zunfterhebung von 1368.

Kämpfe um Beteiligung der Zünfte am Rat in Braunschweig

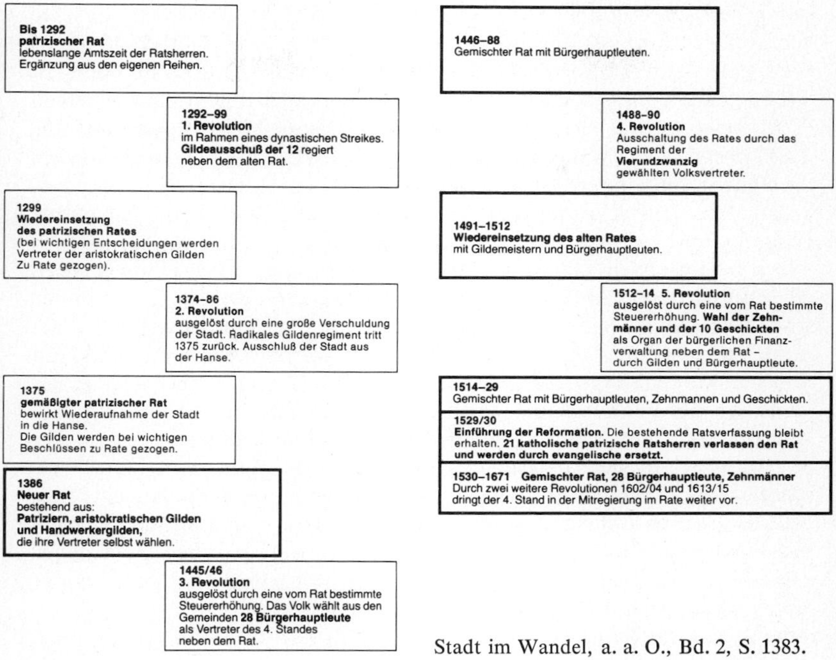

Stadt im Wandel, a. a. O., Bd. 2, S. 1383.

Abb. 21: Schrittweise „Demokratisierung“ des Rates von Braunschweig in vorreformatorischer Zeit.

Ablauf der Kämpfe in Braunschweig in der Darstellung einer neueren Untersuchung 51

Nach einer mißglückten Fehde, die Herzog Ernst von Braunschweig und seine Stadt gegen den Erzbischof von Magdeburg unternommen hatten, mußte die Stadt ein Lösegeld von 4000 Mark zahlen. Damit war die Verschuldung Braunschweigs auf fast 10 000 Mark angestiegen. Nach Meinung des Rats ließ sich die Lösegeldsumme nicht anders als durch Sondersteuern aufbringen. So berief er am 17. April 1374 die Gildenmeister (in Braunschweig tragen die Zunftorganisationen den Namen „Gilden“) zu sich und schlug ihnen eine Kornsteuer vor. Die Gildenmeister schienen zum Teil zur Einwilligung bereit, wollten aber erst noch die Meinung ihrer Organisationen einholen. Schon während der Sitzung war eine Volksmenge zusammengelaufen, die sich jedoch noch ruhig verhielt. Als aber die Gildenmeister nach der Ratssitzung in eine gleichzeitig tagende Versammlung der Schuster und Gerber hinüberwechselten und dort berichteten, brach der Aufruhr los. Es kam zu Plünderungen und Gewalttaten. Sechs Ratsmitglieder wurden am selben Tag getötet; ob es sich dabei um Mord oder um Hinrichtung handelte, steht dahin. Zwei weitere Ratsleute wurden am 21. April nach kurzem Verfahren enthauptet. Viele Angehörige der führenden Geschlechter verließen teils freiwillig, teils gezwungen die Stadt. Ihr Vermögen wurde eingezogen.

Noch in der ersten Woche des Aufruhrs konstituierte sich ein neuer Rat. Die Vertriebenen suchten sofort die Hansestädte für sich zu gewinnen und brachten es dahin, daß im Sommer 1375 Braunschweig aus des Kaufmanns Gerechtigkeit [1] ausgeschlossen wurde. Auf ihre Rückkehr mußten sie allerdings noch warten, denn obwohl schon 1375 wieder Angehörige der patrizischen Geschlechter in den Rat kamen und ein Jahr später – die Überlieferung ist lückenhaft – kaum noch einer von den Aufrührern mehr darin saß, dachte man in der Stadt noch lange nicht daran, die Vertriebenen wieder hereinzulassen. Am 13. August 1380 wurde dann in Lübeck die Sühne zwischen dem neuen Braunschweiger Rat und den Vertriebenen vollzogen. Bis zum November 1383 zogen sich die Entschädigungsverhandlungen hin; mit einem der Vertriebenen kam der Rat erst 1402 zum Ausgleich . . .

Ihre Kritik am Regiment des alten Rats faßt die Bürgeropposition unter den Begriffen „sulfwolt“ und „bose vormundescap“ zusammen. Zur „sulfwolt“ gehören Unterdrückung und Beschneidung bürgerlicher Rechte; welcher Rechte, sagt die Opposition nicht. Es fehlt hier auch jeder Anhaltspunkt, welche Handlungen des Rats gemeint sein könnten. Präziser sind die Auskünfte über die „bose vormundescap“: Ruin der Stadtfinanzen trotz hoher Einnahmen, Einführung neuer Steuern und Maße.

Die Lebensbereiche der Stadt insgesamt betrachtet, sind die Beschwerden also sämtlich aus einem schmalen Sektor genommen, dem Finanzwesen. Handel und Gewerbe fehlen, ebenso die städtische Außen- und Territorialpolitik. Danach ist anzunehmen, daß die Bürgeropposition keine klare Vorstellung davon hat, worin eigentlich die Schlechtigkeit des patrizischen Regiments besteht.

Reinhard Barth, Argumentation und Selbstverständnis der Bürgeropposition in städtischen Auseinandersetzungen des Spätmittelalters. Lübeck 1403—1408 — Braunschweig 1374—1376 — Mainz 1444—1446 — Köln 1396—1400, 2. unveränderte Auflage, Köln/Wien 1976, S. 121—122, 170.

[1] gemeint ist die Hanse

Argumentationen der Beteiligten an den Unruhen in Braunschweig 52

a) Beweggründe der Aufrührer („schichtmeker"):

Des wetet (wisset), leven vrunde (liebe Freunde), dat unse unde alle ghilde unde de meynheyt (Bürgerschaft) to Brunswig uter mate (über die Maßen) sere beswaret unde ghedrucket weren van deme Rade darsulves, also dat se uns unde andern ghilden unde der menheyt groten sulfwolt dicke unde vele bewiseden, unde leten uns in menghen unsen saken nicht to rechte komen. Ok bevunde we unde de menheyt bose vormundescop in deme Radde, wenne se hadden manich jar grot gut uppenomen van schote (Bürgersteuer) unde van der stad gulde (Renten), unde hadden doch de stad in groten schaden unde in grote scult ghebracht, dat we wol bewisen moghen. Boven desse stucke hadden de Rat nu tolast uppe alle ghilden unde de menheyt ghevunden unde gesat nige czide (neue Angaben) und nige plicht, de men gheven scholde van lakenen, van korne, van husen (Hasen), van wine, van bere, van koyen (Kühe) unde anderem vee (Vieh), van mannigerleye kopenscop (Handelsgut) unde van anderen dinghen, des vore nicht ghewesen hadde. Dit was weder de vriheyt der stad, der ghilden unde der gantzen meynheyt, unde mochte deme lande, deme kopmanne, den ghesten unde borgeren to groteme schaden hebben ghekomen. Unde sunderliken nige mate (Maße), dat se de mynner (kleiner) maken wolden an wine unde an bere. Dorch desse unde andere mengherleye swarlike (drückende) not willen, dar de Rad alle ghilden unde de meynheyt to Brunswig medde vorunrechtet unde beswartet hadde is deme Rade disse schicht wedervaren.

Hans Leo Reimann, Unruhe und Aufruhr im mittelalterlichen Braunschweig, Braunschweiger Werkstücke Bd. 28, Braunschweig 1962, S. 68.

b) Rechtfertigung des vertriebenen Rates:

Deme Rade von Brunswig was gheldes not van kriges (Zwistigkeiten, Händel) unde orleghes (militärische Auseinandersetzung) weghene, also dat se grote koste hadden manich jar, unde hadden vorloren an vanghenen (Gefangene), an ridderen unde an knechten unde an eren borgheren, unde an anderm schaden, wol uppe drittig dusent lodighe mark (in Silber), de se to erer not jo hebben mosten. Des hadden se wol twintich dusent mark an sloten (Schlösser) unde an vesten (Burgen), dar en konden se nener phenninghe mede bekomen dar umme dat se der vorsten (Fürsten) slot anderen vorsten unde heren nicht vorpenden mochten, ouch en weren dar nene riddere eder knechte in deme lande, de eyne groter summen van ghelde utgheven mochten an de slot to leghende. Ok so en konden se id nicht al soken uppe ere borghere unde uppe sich sulven, alse uppe dat schot, wante id en to swar worde. (Ferner konnten sie auch ihre Bürger und sich selbst nicht ganz und gar mit Gewalt zu einer höheren Bürgersteuer zwingen als tragbar.) . . . (Den vorgeladenen Gildemeistern trug der Bürgermeister folgende Überlegungen des Rates vor:) We korn in de stad voren wille, de schal gheven vor den brunswigesschen schepel (1 Scheffel = 3,114 hl) enen brunswigesschen penningh. Dat hebbe si over sik sulven sat ... unde so moten ok de schulde ghelden (zahlen) riddere unde knechte, papen (Pfaffen), gheste unde bur (Bauern), unde dat kumpt nicht uppe de meynheyt.

Reimann, Unruhe und Aufruhr im mittelalterlichen Braunschweig, a. a. O., S. 69.

53 **Auswirkungen der „Schicht" auf das Stadtrecht von Braunschweig.** Vorschriften, die 1374/75 ins Stadtrecht eingefügt wurden:

§ 143: Kritik am Rat steht unter Strafe.

§ 144: Wenn es nachts Geschrei (Alarm) gibt, soll jedes Weichbild [1] in Waffen auf dem Markt erscheinen und auf die Befehle des Rats warten.

§ 145: Bei einem Feldzug soll jedes Weichbild so lange bei der Fahne bleiben, wie der Rat wünscht.

§ 146: Wenn nachts Feuer entsteht, soll niemand von den Nachbar-Weichbildern hinlaufen.

§ 147: Bei einem Feldzug soll niemand vorzeitig davonlaufen.

§ 148: Wer dem Rat den Gehorsam verweigert, wird bestraft.

§ 149: Kritik an Ratsdienern und -beauftragten wird bestraft.

§ 150: Wenn es tagsüber Geschrei (Alarm) gibt, soll jeder Pferdebesitzer sein Pferd zur Verfügung stellen.

§ 151: Das gleiche gilt für jeden, der ein Gespann besitzt.

§ 153: Niemand darf ohne Licht des Nachts auf die Straße.

§ 154: Nächtlicher Holzdiebstahl wird bestraft.

Barth, Argumentation und Selbstverständnis der Bürgeropposition, a. a. O., S. 168.

[1] Weichbild = Stadt bzw. Stadtteil mit eigenem Stadtrecht. Braunschweig war ein Zusammenschluß von 5 Weichbildern.

Die Augsburger Zunfterhebung von 1368

Ursache des Aufstandes von 1368 war die wachsende Verschuldung der Stadt. Der patrizische Rat wollte die Schulden durch eine Erhöhung der Verbrauchssteuern auf Wein, Met und Bier tilgen. Die hauptsächlich aus Handwerkern bestehende Gemeinde dagegen forderte eine Erhöhung der Vermögens- und Einkommensteuer und im Zusammenhang damit die Einführung einer Zunftverfassung. Das Ergebnis war eine Einigung über die Zusammensetzung des „Kleinen Rates" aus 15 Patriziern und 29 Zunftmitgliedern aus den 17 neu eingerichteten Zünften.

54 **Aus dem Ersuchen der Gemeindeabordnung an den Rat von Augsburg:**

Oh, ihr würdigen Herren und Väter des Rats der löblichen Stadt des heiligen Reichs, der Stadt Augsburg! Eurer Weisheit mag das Begehren der ehrbaren Gemeinde wohl zuvor berichtet worden sein, nämlich daß

Abb. 22: Federzeichnung, um 1480. Die Aufnahme von Zunftvertretern in den Rat erfolgt unter massivem Druck der bewaffneten Handwerker. Auf der Zeichnung sind die militärisch gut organisierten Bürger auf dem Platz vor dem Rathaus dargestellt.

durch etliche Jahre hindurch bis jetzt die ganze Stadt vom dringenden Wunsch nach einer freiheitlichen Verfassung erfüllt sei und daß dies vielfach durch die Gemeinde ausgesprochen worden sei. Jedoch habe man das in keinem anderen Sinne getan, als daß eine solche freiheitliche Verfassung für diese Stadt Augsburg ebenso wie für die anderen Städte des heiligen Reichs hochnützlich und zur Förderung der freundschaftlichen Gesinnung von größter Notwendigkeit sei, wie Euer aller Weisheit und Tugend aus hoher Einsicht zu erwägen und bedenken habe, daß in allen Fällen die Gebote und Ordnungen des ehrbaren Rats, soweit sie in

dieser Stadt verfügt werden – seien es Angelegenheiten des Krieges oder des bürgerlichen Lebens – von einer Zunftregierung viel besser und geschickter als bisher durchgeführt und durchgesetzt sowie von der ehrbaren Gemeinde viel gehorsamer und gleichmäßiger befolgt würden.
Zudem habe der ehrbare Rat auch zu bedenken, in welch große Schuld und welch schwere Armut diese Stadt Augsburg, aus welchen Gründen auch immer, geraten sei. Und obwohl die Notlage manchmal ohne Verschulden der Ratsherren eingetreten sei, so haben doch die Steuern und das Ungeld, wie gleichwohl die ehrbare Gemeinde dachte, nicht genügend Nutzen gehabt, weshalb auch vielerlei Mißtrauen zwischen dem Rat und der Gemeinde entstanden sei. Wenn aber hier wie in den anderen Städten des Reichs ein Zunftregiment eingerichtet werde, dann werde in solchen und anderen Fragen jedes Mißtrauen und jeder Streit deshalb vermieden, da die ehrbare Gemeinde und die Handwerker ihre Vertreter in der Regierung haben ...
Es solle daneben der ehrbare Rat sich auch zu Herzen nehmen und bedenken, wie freundlich und vorbildlich es wäre, wenn die Gemeinde und der Rat in einer vereinbarten bürgerlichen, freundschaftlichen Zunftregierung zusammen die Herrschaft innehätten und diese miteinander in gutem Sinne zur Mehrung des gemeinen Nutzens ausübten, und wie dann aus der genannten Regierung alle bürgerliche Liebe und Hilfsbereitschaft in alle Glieder der Gemeinde ströme und auf der anderen Seite willige Dankbarkeit hervorbringe. Schließlich seien auch alle Mitglieder der bürgerlichen Gemeinde – reich oder arm – gemeinsam und ohne Unterschiede mit dem Recht des heiligen Reiches versehen und dabei von Kaisern und Königen mit Privilegien und Freiheiten gnädig ausgezeichnet worden. Zudem tragen auch alle Bürger des Reichs, nicht nur die hiesigen, sondern auch die in den anderen Städten des heiligen Reichs, zur Erhaltung des Vaterlandes alle bürgerlichen Belastungen. Und da sie auch Gutes und Schlechtes in Krieg und Frieden miteinander tragen sollen, solltet Ihr (= die Ratsherren) in Eurer Weisheit und Ehrenhaftigkeit aus angeborener Tugend erwägen, daß es nur recht und billig – und es ein löbliches und verantwortungsbewußtes Handeln sei, wenn vor der ehrbaren Gemeinde in dieser heiligen Reichsstadt Augsburg die Einführung einer Zunftverfassung gefordert werde ...

Dieter Weber, Der Augsburger Geschichtsschreiber Clemens Jäger über die Zunfterhebung von 1368, in: Geschichte in Wissenschaft und Unterricht 11/1986, S. 673—674.

3. Die Regelung des städtischen Lebens durch Stadtrechte

Man unterscheidet zwei Arten von politischen Regelungen, die das Zusammenleben der Bürgerschaft betreffen: solche mit Verfassungscharakter, die also die politische Willensbildung und die Ausübung der Macht regeln, und solche, die die Beziehung der Bürger und Einwohner untereinander betreffen.

Ein Beispiel für eine Einigung auf eine neue Verfassung ist der Große Brief aus Braunschweig von 1445, in dem die Zusammensetzung des Rates geregelt wurde und zugleich die Befugnisse des Rates in den Bereichen Gesetzgebung, Entscheidung über Krieg und Frieden und Kreditaufnahme eingeschränkt wurden. Beispiele zum zweiten Bereich der politischen Rechtsquellen, den vom Rat für die Bürger erlassenen Satzungen, sind in zahlreichen Urkunden erhalten. Wie sehr die Regelungen ins Detail gingen, zeigt das Braunschweiger Stadtrecht von 1374, in dem 45 Paragraphen Handel, Gewerbe und Landwirtschaft betrafen, 33 Glücksspiel und Luxus, 16 Strafrecht, 13 Baupolizei und Justiz, 8 Erbrecht, 5 Steuerrecht, 4 Stiftungen und 14 verschiedene Bürgerpflichten.

Stadtrechte wurden ständig aktualisiert und erweitert. So gab es Ende des 15. Jahrhunderts in Nürnberg ausführliche Bestimmungen über Handelsgesellschaften, die z. B. das Risiko der Gesellschafter, die Abrechnung von Gewinn und Verlust, die Haftung der Gesellschafter und Angestellten gegenüber dem Unternehmen regelten. Man teilte auch bereitwillig besonders interessante Regelungen anderen mit oder übernahm bei „Filiationen“, d. h. Übernahme des eigenen Stadtrechts durch andere Städte, die Rolle einer Appellationsinstanz.

Regelungen der Stadt Nürnberg

Das Satzungsbuch der Stadt Nürnberg (1320/23–ca. 1360) umfaßt in 256 Artikeln alle Bereiche, für die dem Rat die Verantwortung oblag. Den Anfang dieses Statutenbuches machen Ordnungen über Brot, Fleisch und Textilien. Die Regelung des Gewerbelebens, d. h. die Markt- und Gewerbepolizei, die die Übertretung ihrer Gebote mit empfindlichen Strafen, sogar mit Stadtverweis, bestraft, nimmt mit 49 Satzungen einen großen Raum ein; sie unterstreicht die Bedeutung des Handwerks für die mittelalterliche Stadt. Öffentliches und privates Recht sind nicht getrennt; ein akuter Fall wurde insgesamt nach materiellen und prozessualen Gesichtspunkten geregelt. Diejenigen Satzungen, die Verfassung, Verwaltung (Steuerrecht) und Verwaltungspolizei (Bau-, Straßen-, Feuer- und Gesundheitspolizei, Luxusordnungen) behandeln, stehen an erster Stelle. Den Stadtfrieden sichern 14 Artikel über Strafrecht und Friedenspolizei; dazu gehört eine ausführliche Halsgerichtsordnung. 11 Sätze enthalten Privatrecht, vor allem das Spezialrecht des Handelsrechts und der Handelsgesellschaft. – Die Veröffentlichung von 1978 umfaßt 125 Seiten.

Sinngemäße Auszüge aus dem Satzungsbuch der Stadt Nürnberg, um zu **55**
veranschaulichen, welche Bereiche geregelt waren und wie intensiv sich der Rat einschaltete.

- Brotordnung: Eine Kommission von 4 Bürgern und 4 Bäckermeistern soll Gewicht und Qualität überwachen; Festsetzung von Geldstrafen und Backverbot; Einfuhrverbot von Backwaren.
- Fleischordnung: Die Tiere sollen vor dem Schlachten genau untersucht

werden; Juden und Christen sollen sich gegenseitig kein Fleisch verkaufen.
- Schuster und Lederschneider: Verkauf nur im Schuhhaus.
- Graues Gewand: Verkauf erst nach der Kontrolle, ob es wie vorgeschrieben gewirkt und gewalkt ist.
- Verbot, Schwerter und spitze Messer bei sich zu tragen.
- Verbot, Unfug zu treiben, sei es Raufen, Schlagen oder anderen Bürgern Wunden zuzufügen.
- Verbot der Heimsuchung (Hausfriedensbruch)
- Pflichten der Bürger gegenüber dem Gericht
- Handelsgesellschaft mit Auswärtigen
- Weinordnung
- Spielverbot: Es darf je Tag und Nacht höchstens um 60 Heller gespielt werden. Wer unerlaubt ein Spielhaus betreibt, wird acht Tage in den Turm gesperrt.
- Heuverkauf: Qualitäts- und Preisfestsetzung.
- Wildbret: Preisfestsetzungen.
- Handelsgeschäfte der Juden: Juden dürfen, abgesehen von Fleisch- und Pferdehandel, keinerlei Handel treiben; sie dürfen keinen Wein und kein Bier an Christen verkaufen. Geldleihe an Bürger zum Kornkauf muß ohne Zinsen erfolgen.
- Gehen auf den Straßen während der Nacht ist nur in Ausnahmefällen erlaubt, auch dann nur mit einem Licht und ohne spitzes Messer.
- Kohlenverkauf nur in Säcken; Preisfestsetzung.
- Schmiede sollen nicht vor dem Läuten zur Frühmesse mit der Arbeit beginnen und auch nicht in die Nacht hinein arbeiten.
- Nach Einbruch der Nacht darf kein Spiel und Luder (d. h. schändliches Treiben) mehr getrieben und kein Wein mehr ausgeschenkt werden.
- Müllerordnung
- Fischerordnung
- Taschnerordnung: Es darf kein Meister mehr Gesellen und Lehrlinge haben als vom Rat erlaubt.
- Wer die Stadtbefestigung (Mauer, Graben, Riegel oder Schrankenbaum) beschädigt, zahlt 10 Pfund, oder man schlägt ihm die Hand ab.
- Dächer sollen mit Ziegeln, nicht mit Brettern gedeckt werden.
- Niemand soll einen Mitbürger wegen einer weltlichen Sache vor einem geistlichen Gericht verklagen.
- Niemand soll einen Mitbürger vor dem Gericht des (kaiserlichen) Schultheißen in Nürnberg verklagen.
- Niemand darf den Rat, Richter oder Schöffen beschimpfen.
- Zeugschmiede, Spengler und Messerschmiede
- Baupolizei: Außerhalb der Stadtmauer darf niemand ein Haus bauen; innerhalb der Stadt bedarf es auch für den Bau eines Schuppens oder eines Stalles der Zustimmung des Rates.

Abb. 23: Die Ratswaage von Nürnberg. Relief an dem 1497 neu errichteten Waag-Gebäude. Abgebildet sind der städtische Waagmeister (Mitte) mit seinem Knecht und einem Kaufmann. Die Devise über dem Waagmeister lautet: „Dir als einem anderen". Das heißt, der Waagmeister soll ohne Ansehen der Person vorgehen.

- Vermieten von Häusern
- Vom Rat zu besetzende städtische Ämter: Stadtschreiber, Büttel, Marktordner, Torwarte, Hirten, Schulmeister, Instandhalter der Stege und Wege, Boten.
- Baumeister müssen bei Bauten zur Straßenseite hinzugezogen werden.
- Mist darf nicht länger als 4 Tage auf der Straße gelagert werden; erlaubtes Ablagern vor der Stadt mindestens drei Roßläufe weit entfernt.
- Handwerkervereinigungen sind nicht erlaubt.
- Dem Büttel muß für Pfändungen das Haus geöffnet werden.
- Luxusordnung
- Mantelschneider
- Wie man sein Bürgerrecht aufgibt.
- Handelsgesellschaft mit Fremden
- Neubürger zahlen bei Erteilung des Bürgerrechts 5 Pfund.

- Der Fischbach soll nicht durch Unrat, durch Wäschewaschen, durch Gerber und Bader verunreinigt werden.
- Streit mit Fremden soll ein Bürger nicht gewaltsam regeln, sondern den Fall vor den Rat bringen.
- Ziegelherstellung
- Kleiderordnung bei Hochzeiten
- Verbot von Taubenhäusern und Taubenfangen, außer zur Abwehr von Schaden von eigenen Äckern
- Bier: Qualität, Brauzeiten, Preise
- Weinpreise
- Niemand darf außerhalb seines Hauses Feuer machen.
- Seilherstellung: Verbot von schlechten inneren Teilen
- Niemand darf sein Erbgut einem Kloster, einem Fremden oder Juden übergeben.
- Für ein Leichenbegängnis soll nicht mehr als 25 Pfund Kerzenwachs verbraucht werden.
- Verbot von Trauergeschrei auf Gräbern und in der Kirche durch besondere Schwestern, die es bislang zu tun pflegten
- Pfandbegrenzung für Juden
- Verbot des Schwörens und Fluchens
- Arbeitsverbot an Feiertagen
- Badeverbot an Feiertagen
- Christen dürfen nicht die Badestube eines Juden besuchen
- Bader sollen das Wasser nur bei Regen ablassen und nur bei langer Trockenheit durch die Stadt ablaufen lassen, das aber nur nachts.
- Holzknechte dürfen nichts anderes transportieren und auch kein Holz vom Wagen weg verkaufen.
- Kannen-, Schüssel- und Flaschengießer dürfen nur Zinn und Blei verarbeiten.
- Bei Unfug der Juden untereinander (Schlagen, Raufen) soll der Urheber dem Richter (des Rates) ein Bußgeld zahlen.
- Häuser in der Umgebung einer Pfarrkirche dürfen nicht höher als die Kirchhofmauer gebaut werden.
- Über sein bewegliches Vermögen darf ein Bürger mit Rücksicht auf seine Angehörigen nur so lange frei verfügen, wie er noch nicht sterbenskrank ist.
- Eichgebühren für Honig-, Nuß- und Hopfenmaße
- Einsetzung von offiziellen Korn- und Getreidemessern
- Der Brunnen am Milchmarkt soll absolut rein gehalten, auch nicht zum Hände- und Füßewaschen benutzt werden.
- Vor den Stadttoren darf keinerlei Warenverkauf stattfinden.
- Es darf niemand ohne Einwilligung der Eltern in die Ehe entführt werden. Strafe: 10 Jahre Turmhaft.
- Verbot der Bigamie. Strafe: in einem Sack ertränken.

- Festsetzung von Lohnobergrenzen für Bauhandwerker
- Wenn jemand statt der Todesstrafe in den Turm kommt, soll er dort bis zum Lebensende bleiben.
- Festsetzung des Lösegeldes (höchstens 13 Heller), falls ein Bürger in Gefangenschaft geraten ist.
- Nutzung des Stadtwaldes
- Prozeßordnung für Richter
- Hochzeitsordnung: Begrenzung von Teilnehmerzahl, Gerichten, Kleidungsluxus, Musikern.
- Aus Küchen und Häusern darf kein unreines Wasser abgeleitet werden.
- Leinentuch soll 2 Ellen breit gewebt sein.
- Gewichte
- Gold- und Silberwaagordnung
- Straßenpolizei: Niemand darf vor seinem Haus ein Verkehrshindernis aufstellen und auch nicht aus dem Kellerfenster heraus Handel treiben.
- Mesnerordnung
- Zollfreiheit auf Gegenseitigkeit in über 70 einzeln aufgelisteten Städten.
- Lebensmittelhändler dürfen nicht fremdes Gut verkaufen.
- Maklergebühren auf bestimmte Waren (Tücher, Gewürze, Gold, Silber).
- Niemand soll in eines anderen Garten steigen und Obst oder Kräuter stehlen; für ein Vergehen bei Nacht die doppelte Strafe, halb an den Rat und halb an den Geschädigten.

Zusammengestellt nach: Satzungsbücher und Satzungen der Reichsstadt Nürnberg aus dem 14. Jahrhundert, bearbeitet von Werner Schultheiß, in: Quellen zur Geschichte und Kultur der Stadt Nürnberg, 3. Bd., 2. Lieferung, Selbstverlag des Stadtrats Nürnberg, 1978.

Hamburger Seerecht

Der Hamburger Stadtrat erläuterte 1259 dem Lübecker Rat sein Seerecht 56
nach vorausgegangenen Beschwerden wegen der angeblich zu hohen Hamburger Löhne für die Bergung schiffbrüchigen Gutes:

Die Ratmänner der Stadt Hamburg in reiner Treue und beständiger, wohlwollender Dienstbereitschaft an den Herrn Vogt und an die Ratmänner der Stadt Lübeck, kluge und ehrwürdige Männer.
Vor uns sind Eure Ratmänner, Herr Heinrich von Wittenburg und Herr Alwin [Husen], erschienen und haben vorgebracht, daß das Schiffsrecht, das gemeinhin scipseghelinge genannt wird, in der Art der Handhabung durch die Stadt Hamburg ihnen außerordentlich schädlich erschiene. Wir haben darauf erwidert, unsere Rechtsprechung sei folgende: Wo auch im-

mer ein Kaufmann von einem Schiffer ein Schiff und einen Kahn, both genannt, mietet, und wohin dieser mit dem Schiff segelt, wenn es aus unvermuteter Ursache in solche Gefahr auf dem Meer gerät, was als supra vorende [1] bezeichnet wird, so daß die Besatzung das Schiff verlassen und mit dem Boot an Land gehen muß, und die Kaufleute, die *vruchtlude* (Befrachter) genannt werden, wegen des Ladegutes, ausgenommen Silber und Gold, die Seeleute auffordern: Helft uns, die Ladung zu retten, und wir werden Euch dafür geben, was billig ist. Wenn das geschieht, was invorende [1] genannt ist, dann ist es gerecht, die 30. Mark zu geben. Wenn aber an einem reve (Riff), wie es genannt wird, dann soll die 20. Mark gegeben werden, und wenn das Gut auf hoher See verlorengeht, dann soll die 10. Mark gezahlt werden. Wenn nämlich weniger für die Arbeit der Gehilfen festgesetzt wird, dann befürchten wir, daß sie auch weniger bereitwillig die Güter bergen. Über Silber und Gold ist keine Bestimmung erlassen, da die Kaufleute noch keine derartigen Güter auf dem Seeweg zu transportieren pflegten, als dies statuiert wurde. Es steht Euch daher frei, für Silber und Gold das festzusetzen, was Euch angemessen und vernünftig erscheint.

Weiter, wenn ein Schiff auf dem Meer zum Schutz des Lebens Ladegüter über Bord wirft, soll das vom Schiffer mit den Kaufleuten Mark für Mark abgegolten werden. Ferner, wenn irgendwo jemand einen anderen unter Segeln beschädigt, was angehseghelet heißt, und der Geschädigte ihn des Vorsatzes beschuldigt, und dieser bereit ist, auf die Reliquien zu schwören, daß es ohne Vorsatz geschehen sei, soll er den halben Schaden ersetzen, sofern der Geschädigte ihn mit guten und glaubwürdigen Männern nachweisen kann. Wenn der Schädiger jedoch nicht schwören will, so soll er den von ihm angerichteten Schaden in voller Höhe begleichen. Ferner, wenn ein Kaufmann in Gegenwart guter Leute von einem Schiffer ein Schiff mietet und es mit seinen Gütern belädt, und wenn der Schiffer mit dem Schiff zu einem anderen Hafen, volkssprachlich havene genannt, segelt als vorgesehen und die Ladung nicht an das versprochene Ziel bringt, und der Kaufmann ihn verklagt, er habe die Güter nicht ans Ziel gebracht, und der Schiffer darauf antwortet: Eure Güter habe ich Euch und Euren Boten ausgeliefert, so wie ich es den Ratmännern und den Briefen des ganzen Landes vor dem Richter beschwöre. In diesem Fall lautet der Rechtsspruch unserer Stadt: damit soll seinem Zeugnis Glauben geschenkt werden, und er braucht keineswegs mit zwei oder drei anderen für alles Geschehene Zeugnis abzulegen. Wir bitten Euch daher, eingedenk unseres Dienstes, das, was Euch an dem Gesagten so schädlich erscheint und von Euch geändert wird, uns in den entsprechenden Verordnungen möglichst schnell mitzuteilen.

Quellen zur Hanse-Geschichte, a. a. O., S. 395, 397.

[1] bei der Hafeneinfahrt

Rechtspflege als Aufgabe des Stadtrates

Die Rechtsprechung gehört zum Wichtigsten, was Stadtrecht im Sinne von Herrschaft bedeutet. Nach der Übertragung des Stadtrechtes an die Bürgergemeinde erfolgen in den Stadtrechten – jetzt als Ordnung des Zusammenlebens innerhalb der Stadt zu verstehen – ausführliche Ausarbeitungen und Festlegungen aller Rechtsbeziehungen.

Abb. 24: Bilderhandschrift des hamburgischen Stadtrechts von 1497. Hartmut Boockmann schreibt dazu:
Das Bild stellt eine Reihe von Stadtrechtsbestimmungen zusammen, welche von peinlichen, d. h. von Körper- und Todesstrafen handeln: Van pynliken saken dat hogeste belangende. Links am Bildrand das städtische Gericht, das, wie der heruntergeklappte Laden zeigt, nach deutscher Rechtstradition öffentlich tagt. Davor ein Pranger, an den eine Frau und ein Mann mit Halseisen angeschlossen sind und unter dem eine Prügelstrafe vollzogen wird. Ganz vorn

ein Mann, der von einem Stadtknecht gewaltsam zum Pranger geführt wird – z. B., weil er dort eine Widerrufserklärung abgeben muß. Daran anschließend, also in der Mitte des Vordergrundes, wird ein Strafverfahren wegen Totschlags eröffnet: in Gegenwart der blutigen Leiche des Erschlagenen. Deren zusammengebundene Hände und Füße repräsentieren die abergläubische Furcht vor Wiedergängerei, also vor einer Rückkehr des Toten. Ganz vorn sieht man den schon verhafteten Angeklagten. Hinter dieser Szene das Gefängnis. Die Gefangenen sind in einen Stock eingebunden, und sie sind öffentlich sichtbar – sie werden also entehrt. Links davon sieht man ein mit Todesstrafe bedrohtes Delikt. Eine Hexe, erkenntlich an dem Teufel über ihren Schultern, kocht einen Zaubertrank und zaubert mit Hilfe von Faden-Figuren. Dahinter sieht man die Stadtmauer und die vor der Stadt liegende Hinrichtungsstätte mit dem Galgen und drei Rädern. Links davon noch einmal ein Delikt. Die beiden Gestalten auf dem Pferd bedeuten Frauenraub. Die Worte auf den Schriftbildern sind an Bibelstellen angelehnte Mahnungen an die Adresse der Obrigkeit: Peccantes coram omnibus argue, ut ceteri timorem habeant (Du sollst die Sünder vor allem Volk anklagen, damit die anderen Furcht haben. Vgl. Leviticus und Deuteronomium 19, 19, f.). Maleficos ne paciaris vivere super terram (Du sollst die Ruchlosen nicht leben lassen auf Erden. Exodus 22, 18).

Hartmut Boockmann, Die Stadt im späten Mittelalter, München 1986, S. 160.

Polizeiliche Beschlüsse des Stadtrates

Zur wirksameren Durchsetzung des Stadtrechtes wurden häufig noch ergänzende Verordnungen erlassen, deren Inhalt von aktuellen Anlässen bestimmt war.

57 Aus der Wismarer Bursprake von 1419:

Anno Domini 1419, am Himmelfahrtstag [25. Mai], haben meine Herren die Ratmänner, die neuen und die alten, einstimmig beschlossen, daß die folgenden Artikel genau zu befolgen sind.

1. Erstens verlasen sie alle Freiheiten und Privilegien der Stadt, binnen und außerhalb; gegen sie soll sich niemand vergehen bei einer Buße von 10 Mark Silber.

2. Niemand darf bösartig sprechen über Fürsten, Herren, Jungfrauen und andere ehrliche Leute, geistliche und weltliche, bei einer Buße von 10 Mark Silber.

3. Jeder soll seine Waffen in Ordnung halten, da ja leider Unsicherheit auf dem Lande und Wasser herrscht. Auch werden meine Herren Ratmänner auf Kontrollgängen die Waffen der Bürger inspizieren; wird dabei jemand mit nicht bereiten Waffen angetroffen, so werden sie ihm welche auf seine Kosten kaufen, und er soll es mit 3 Mark Silber büßen.

5. Niemand soll Ballast in den Hafen der Stadt werfen, bei Verlust von Gut und Leben.

6. Niemand soll irgendwelche Schiffe, insbesonders Schuten, Prame, Boote, derartig mit Ballast beladen, daß sie sinken; bei einer Strafe von 100 Mark Silber.

7. Niemand soll Ballast von Bord zu Bord übernehmen oder ausladen, außer mit Zustimmung des Rates, bei einer Strafe von 20 Mark Silber. Und dieses soll jeder Bürger seinen Gästen mitteilen, wie auch diese drei Artikel deutlich am Stadttor angeschlagen werden sollen.
8. Bei Regen soll niemand Unrat in die Straßenrinnen fegen. Tut es ein Gast [1], soll er es mit 3 Mark Silber büßen, ein Knecht oder eine Magd jedoch mit einem halben Pfund [Silber].
9. Niemand soll mit dem Geld von Gästen für die Hand eines anderen Gastes Kaufhandel treiben, bei einer Strafe von 3 Mark Silber.
10. Jeder, der für seine Geschäfte Maße und Gewichte verwendet, kann ohne Furcht vor anderweitigen Folgen den Dienst unseres geschworenen [Rats]dieners Heinrich Dagetzow in Anspruch nehmen und sie eichen lassen. Wird jedoch jemand mit unrechten Maßen und Gewichten angetroffen, soll er der Willkür des Rates zu Buße unterstehen.
11. Bei Geburt und Taufe eines Kindes und bei Kirchgang mit Frauen zur Buße und zu den Exsequien sollen die Bestimmungen des vergangenen Jahres beachtet werden.
12. Niemand soll einem Kind, das er aus der Taufe hebt, mehr als 4 Schilling Lübisch geben, bei einer Buße von 3 Mark Silber.
13. Bei Trauungen und abendlichen Tanzvergnügen soll wie früher verfahren werden.
14. Niemand soll abends nach dem Läuten der großen Glocken ohne ehrliches Geschäft auf die Straßen gehen, sei er Laie oder Kleriker; auch soll nachts niemand Waffen bei sich tragen, bei einer Buße von 3 Mark Silber.
15. Jedermann soll bei seiner Feuerstelle Vorsicht walten lassen, damit kein Schaden entstehe. Jeder Ackerbauer soll sein Getreide in einer Scheune lagern und nirgendwo anders, bei einer Buße von 3 Mark Silber.
16. Ein Knecht oder eine Magd, die sich während ihrer Dienstzeit unerlaubt vom Herrn oder der Herrin entfernen, sollen Jahr und Tag außerhalb der Stadt bleiben; und welcher Bürger einen solchen Knecht oder eine solche Magd heimlich aufnimmt, soll der Stadt 3 Mark Silber Strafe zahlen.
17. Es sollen hier nicht mehr Vereinigungen und Gilden sein, als von alters her durch den Rat zugelassen, bei einer Buße von 10 Mark Silber.
18. Keine Frau oder Jungfrau soll ihr Geschmeide außen über weiten Ärmeln tragen und keine offenen mit Buntwerk gefütterten Ärmel, bei einer Buße von 10 Mark Silber.
19. Wenn ein Dorfbewohner ohne die Erlaubnis seines Herrn die Stadt betritt, soll wie früher verfahren werden.
20. Über übel beleumundete Weiber wie früher.
21. Jeder Bürger, der Streit mit einem anderen hat, soll sich mit dem Lübischen Recht zufriedengeben und den anderen nicht vor ein geistliches Gericht ziehen und den Streitfall keiner geistlichen Person über-

geben. Wer sich dagegen vergeht, soll der Stadt verwiesen werden und der Stadt eine Strafe von 1 Mark Lübisch zahlen.

22. Niemand soll im Vorkauf [2] Lebensmittel oder Holz oder andere Güter von außerhalb der Stadt erwerben, bei einer Buße von 3 Mark Silber.

23. Niemand soll besondere Hirten haben; auch soll niemand Schafe oder Ziegen auf das Feld treiben, bevor das Getreide vom Feld gebracht ist, bei einer Strafe von 3 Mark Silber.

24. Niemand soll bei Nacht sein Vieh durch einen besonderen Hirten weiden lassen; wird dadurch jemand an seinen Früchten geschädigt, soll der Schaden reguliert werden und der Stadt eine Buße von 3 Mark Silber zufallen.

25. Über den Vorkauf von Lebensmitteln erwartet der Rat die Einhaltung der . . . Bestimmungen, bei einer Buße von 3 Mark Silber.

26. Kein Bürger soll sich Getreide am Hafen zumessen und auf Säcke füllen lassen, bevor nicht der Kauf gänzlich und vollständig abgeschlossen ist; bei Zuwiderhandlungen sollen Käufer und Verkäufer der Stadt eine Buße von 10 Mark Silber zahlen.

27. Keiner soll auf Wallfahrt gehen außer mit Zustimmung des Rates. Insbesondere aber soll kein Bürger nach Aachen, Einsiedeln oder Ewald [Thann im Elsass] pilgern, bei einer Buße von 10 Mark Silber. Auch soll kein Knecht und keine Magd dorthin pilgern. Wer dagegen verstößt, soll der Stadt verwiesen werden.

29. Kein Brauer, der für Schankwirtschaften braut, soll den Trägern, wenn sie Bierprobe halten und Schankmädchen mitbringen, ein Frühstück oder Essen oder Konfekt geben, bei einer Buße von 3 Mark Silber, und der Träger, der es annimmt, soll der Stadt verwiesen werden.

31. Kein Brauer soll seinem Meisterknecht mehr halbjährlichen Lohn als 4 Mark Lübisch im Sommer und 5 im Winter geben, bei einer Buße von 10 Mark Silber für den Herrn und 3 Mark für den Knecht, wenn er es annimmt, und er soll der Stadt verwiesen werden.

33. Niemand soll in der Stadt Stichwaffen tragen, außer sie seien erbgesessene Bürger, bei einer Buße von 3 Mark Silber wie früher.

34. In einem Hause sollen nicht zwei oder drei brauen dürfen, bei der vorgenannten Buße.

35. Niemand soll Bützower Bier in einer Schankwirtschaft ausschenken; sollte jemand dagegen verstoßen, büßt er es der Stadt mit 3 Mark Silber.

36. Zum Wachdienst und den Stadtbefestigungen soll wie üblich verlesen werden.

Quellen zur Hanse-Geschichte, a. a. O., S. 39, 41, 43, 45.

[1] gemeint ist „Fremder" — [2] Kauf von Gütern oder Waren, bevor sie auf dem Markt sind, beispielsweise am Hafen oder auch bevor sie hergestellt sind, z. B. Getreide auf dem Halm

Übernahme und Weiterentwicklung einzelner Stadtrechte

Aus der Kulmer Handfeste von 1233: **58**

Bruder Hermann von Salza, Hochmeister des Ordenshauses vom Spital St. Marien der Deutschen zu Jerusalem, und Bruder Hermann Balk, Gebieter dieses Ordens im Slavenland und in Preußen, und der ganze Konvent dieses Ordens entbieten allen Christgläubigen, die dieses Schriftstück ansehen, Heil im wahren Heil. Je mehr und je größeres Ungemach die Bewohner des Kulmer Landes und besonders Unserer Städte Kulm und Thorn zum Schutz der Christenheit und zur Förderung unseres Hauses erleiden, um so fleißiger und wirksamer werden Wir in allen Dingen, wo es die Gerechtigkeit zuläßt, ihnen helfen wollen und sollen.

(1) So kommt es, daß Wir diesen Städten für immer die Freiheit gewährt haben, daß ihre Bürger sich in diesen Städten jährlich besondere Richter wählen, die unserem Orden und den Stadtgemeinden unterstehen. Diesen Richtern haben Wir für immer ein Drittel der gerichtlichen Bußgelder überlassen, die für die große Schuld verhängt werden, wobei Wir die Strafe für geringere Vergehen (die sogenannte alltägliche), d. h. 12 Pfennige und darunter, ihnen ganz überlassen, in der Weise jedoch, daß alles, was der Richter auf dem Richterstuhl erläßt, also 4 Schilling und darunter, auch von seiten unseres Ordens erlassen ist, aber bei größerer Schuld (und zwar: Totschlag und Blutvergießen und dergleichen) soll der Richter nichts verfügen ohne die Zustimmung unserer Brüder. Wir verpflichten Uns auch, niemandem die Anteile, die Uns bei diesem Gericht gebühren, zu verkaufen oder zu verleihen.

(4) Wir haben auch festgesetzt, in diesen Städten bei allen Urteilen das Magdeburger Recht für immer und ewig zu beachten, jedoch mit der Vergünstigung: Wenn ein Angeklagter in Magdeburg mit 60 Schilling bestraft werden müßte, soll er hier mit 30 Schilling Kulmer Münze büßen; dasselbe Verhältnis soll bei anderen Bußgeldern entsprechend angewandt werden. Wenn aber in diesen Städten ein Zweifel auftaucht über das Gerichtsrecht oder über Urteile nach dem Gerichtsrecht, soll dieser Rechtsfall von den Ratsleuten der Stadt Kulm erfragt werden, denn Wir wollen, daß diese Stadt die Hauptstadt für die anderen ist, sobald noch welche in diesem Land errichtet werden.

(17) Wir bestimmen sodann: Jeder, der 40 Hufen oder mehr von unserem Ordenshaus kauft, muß mit vollständiger Ausrüstung und einem gepanzerten Roß, das für solche Ausrüstung geeignet ist, sowie zumindest zwei weiteren Pferden – wer aber weniger Hufen hat, mit Plattenharnisch und anderen leichten Waffen sowie einem Pferd, das für solche Ausrüstung geeignet ist, mit unseren Ordensbrüdern, sooft er von ihnen aufgeboten wird, auf Heerfahrt ziehen gegen die Preußen, die mit vollem Namen Pomesanen heißen, und gegen alle Störenfriede seiner Heimat. Sobald aber diese Pomesanen in dem Kulmer Land durch das Walten

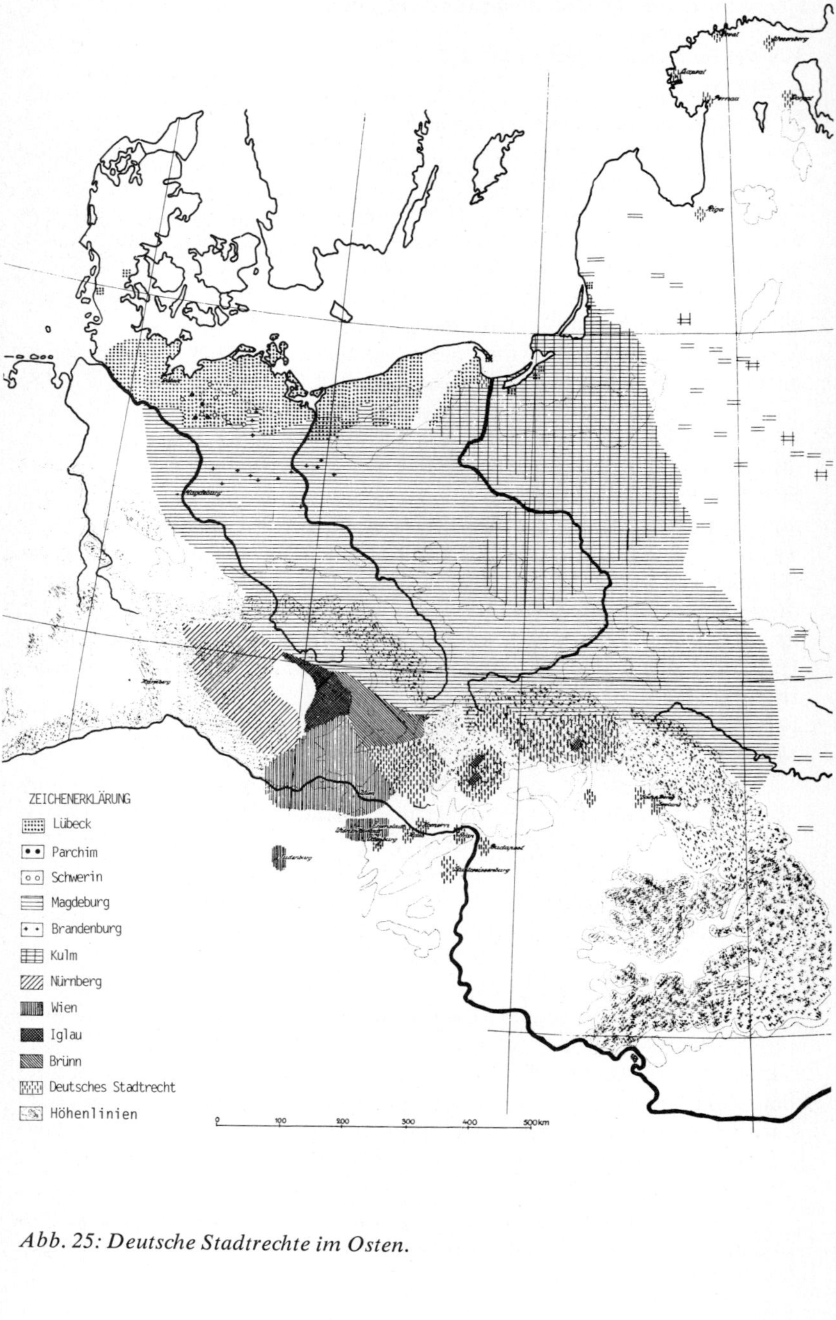

Abb. 25: Deutsche Stadtrechte im Osten.

Gottes künftig wirklich nicht mehr zu fürchten sind, sollen alle genannten Bürger von allen Heerfahrten befreit sein außer der Landesverteidigung, wie gesagt, gegen jegliche Störenfriede.
(18) Auch setzen Wir fest: Jedermann, der ein Erbgut von unserem Ordenshaus hat, soll unseren Ordensbrüdern künftig einen Kölner Pfennig zahlen oder statt dessen fünf Kulmer Pfennige und ein Gewicht von zwei Mark Wachs als Anerkennung der Herrschaft und zum Zeichen, daß er diese Güter von unserem Hause hat und unserer Rechtsprechung zu unterstehen hat, und Wir müssen ihn huldvoll unterstützen und gegen alle, die ihm Unrecht zufügen, nach Kräften unsere Hilfe zuteil werden lassen. Den genannten Zins aber sollen sie alle Jahre am St. Martinstag zahlen oder bis zum 15. Tag danach.

Quellen zur deutschen Verfassungs-, Wirtschafts- und Sozialgeschichte bis 1250, a. a. O., S. 439, 441, 443, 449, 451.

4. Alltag in der Stadt

Von den vielen Bereichen, in denen sich das Leben der Bürger abspielte und in denen es gesichert und erträglich gemacht wurde, können hier nur wenige herausgegriffen werden – Schule, Luxus und Feste, Sicherung vor Not und Gefahren.

Schulen

Das mittelalterliche Schulwesen war fast ausschließlich eine Angelegenheit der Kirche. Der Unterricht diente in erster Linie zur Ausbildung des geistlichen Nachwuchses, es konnten allerdings auch Bürgerskinder die Kloster-, Dom- und Pfarrschulen besuchen. Erst im 15. Jahrhundert entstanden unter der Regie des Stadtrates sog. „deutsche“ Schulen, in denen der Schreib- und Rechenunterricht mehr auf die Anforderungen des kaufmännischen Berufes ausgerichtet war.

Gründung einer Elementarschule in Breslau 1267 **59**

Bruder Guido, durch Gottes Erbarmen Kardinalpriester von San Lorenzo in Lucina, Legat des Apostolischen Stuhls, seinen in Christus geliebten Söhnen, den Ratsleuten und allen Bürgern zu Breslau, Heil im Herrn.
Zu Unserm Amt gehört, daß Wir Uns um Ruhe und Frieden all Unserer Untertanen und besonders Ergebenen bemühen und sie vor Schaden bewahren sollen, soviel Wir mit Gott und Recht vermögen. Ihr habt nun in Unserer Gegenwart vorgebracht, daß eure Kinder, vor allem die kleineren, wenn sie die Schule außerhalb der Breslauer Stadtmauern besuchen, auf dem Schulweg viele Unannehmlichkeiten und Nachteile hinnehmen müssen, nicht ohne Gefahr für Leib und Leben, zum einen wegen

Abb. 26: Schüler und Lehrer in der Schule. Holzschnitt zu Rodericus Zamorensis' „Spiegel des menschlichen Lebens", bei Hans Bämler in Augsburg 1479 gedruckt.

der weiten Entfernungen und der schwierigen Wege und Zugänge, die auf engen und schadhaften Brücken über den Fluß führen [1], zum andern auch wegen der vielen Menschen, Wagen und Pferde, die in großer Zahl und unablässig auf den genannten Brücken und Wegen verkehren. Deshalb habt ihr Uns demütig gebeten, Wir möchten in väterlicher Sorge für euch und eure kleinen Knaben auf künftig Vorkehrungen treffen und ein heilsames Mittel gegen jene Beschwerlichkeiten anwenden. Wir haben also, euren ergebenen Bitten günstig geneigt, in dieser Sache ausdrücklich um die Zustimmung des hochwürdigen Vaters Thomas, des Breslauer Bischofs, des Dekans Nikolaus, des Scholasters Gerlaus und des ganzen Breslauer Domkapitels, also um die Zustimmung derer, die die Angelegenheit betraf, nachgesucht und sie auch voll erhalten; mit ihnen – Bischof, Dekan, Scholaster und Kapitel zu Breslau – haben Wir Uns für folgende Regelung entschieden: Innerhalb der Mauern der Stadt Breslau darf eine Schule bei der St.-Maria-Magdalenen-Kirche errichtet werden, in der kleine Knaben unterrichtet werden sollen und das [lateinische] Alphabet mit dem Vaterunser, das Ave-Maria mit dem Glaubensbekenntnis, dem Psalter und den sieben Psalmen lernen sollen; sie sollen dort auch den Gesang lernen, damit sie in den Kirchen zur Ehre Gottes lesen und singen können. Auch sollen sie auf dieser Schule den Donat, Cato und Theodul sowie die „Regulae pueriles [2]" hören. Wenn die genannten Knaben aber aus weiterführenden Büchern unterrichtet werden wollen,

mögen sie zur Schule bei St. Johann in der Breslauer Burg überwechseln oder wohin sie sonst wollen und es ihnen zweckmäßig erscheint; dies aber wollen Wir durchaus eingehalten wissen: Der jeweilige Scholaster der Kathedralkirche soll der genannten städtischen Schule einen fähigen und für die Knaben geeigneten Rektor vorsetzen und ihn einstellen.
Niemandem soll es erlaubt sein, diese Urkunde über Unsere Verordnung, Gewährung und Verfügung zu verletzen oder ihr in dreister Verwegenheit zuwiderzuhandeln. Wenn aber jemand den Versuch dazu unternimmt, so mag er wissen, daß er der Ungnade des allmächtigen Gottes und seiner seligen Apostel Petrus und Paulus verfallen wird. Gegeben in Breslau, am 12. Februar, im zweiten Jahr des Pontifikats des Herrn Papstes Clemens IV.

Quellen zur Wirtschafts- und Sozialgeschichte mittel- und oberdeutscher Städte im Spätmittelalter, a. a. O., S. 91, 93.

[1] Der Weg führte über zwei Oderarme, nämlich über die Sand- und Dombrücke, zur jenseits gelegenen Domschule.
[2] grammatische Regeln, verfaßt von Remigius

Kleider- und Hochzeitsordnungen

Auszüge aus den Verordnungen der Räte der Städte Kiel und Lübeck aus dem 15. und 16. Jahrhundert: **60**

a) Kleiderordnung
Kiel – 1417:
„Keine Frau darf gekrauste Tücher tragen und nicht mehr als zwei Mäntel haben, die mit Pelzwerk gefüttert sind, und darf auch keinerlei Geschmeide mit teurem Gestein und Perlen an allen ihren Kleidern tragen, wenn ihr Mann an die Stadt nicht mindestens 400 Mark Silber zu versteuern hat. Wenn eine Frau dessen überführt wird, so soll das der Stadt mit 10 Mark Silber gebessert werden. Dieselbe Strafe trifft den Übertreter der weiteren Bestimmungen:
Wenn der Mann der Stadt für mindestens 200 Mark Steuern zahlt, so darf seine Frau eine lötige (rein, ungemischt) Mark Silber an allen ihren Kleidern tragen. Die Jungfrauen sollen es in derselben Weise halten ...
Wenn der Mann der Stadt zwar Steuern zahlt, aber nicht für 100 Mark, so darf seine Frau keinerlei Geschmeide tragen. Insbesondere darf keine Bürgersfrau Pelzwerk oder Seide unten an ihren Kleidern tragen ...
Insbesondere wird befohlen, daß keine Dienstmagd oder Dienstbotin Spangen, Scharlachtuch oder irgendwelches vergoldetes Geschmeide trägt, welches mehr als 8 Schillinge wert ist. Wer dagegen verstößt, soll des Geschmeides sofort verlustig gehen und sein Dienstherr oder seine Dienstherrin sollen 3 Mark Silber Strafe zahlen oder den Dienstboten innerhalb von 3 Tagen aus dem Brote jagen ..."

Besonders deutlich werden die Hintergründe der Rangabstufungen in einer Kleiderordnung aus dem Jahre 1552 in Kiel ausgesprochen: „Bürgermeister und Rath haben nicht ohne sonderbahren Mißfallen vernommen, daß unter den Handwerkers und Gemeinen Leuten die übermäßige Pracht der Kleidung, sonderlich unter den Frauens und deren Kinder zum Großen Ergernüß so zugenommen, daß es nicht länger zu tolerieren, maßen nicht allein Gott der Allmächtige darüber hefftig erzürnet, sondern auch manger in die äußerste Armut gesetzet.
Daher wird verordnet, daß nun und hinführo aller und jeder Bürger Frauen und Töchter, deren resp. Mann und Vater nicht in officio publico und Ehrenamte noch Rentierer (Pensionär) und vornehme wohlhabende Kaufleute seyn, kein venetian breite Knüppels (Spitzen) um die Röcke und Schürzeltücher ... tragen, sondern sich deßen gantz und allerdings enthalten sollen ...“

b) Hochzeitsordnung

Lübeck – 1582

„Wenn die Hochzeitsfeier vorbei ist, ... so soll der Bräutigam mit seinem Vertreter von seiten der Braut und zweien seiner Schaffer [1] auf das Rathaus kommen und einen Eid darauf schwören, daß er alle Gebote über die Hochzeitsfeier gehalten hat, wie sie der Rat erließ, das sollte bei Strafe von 10 Mark Silber am nächsten Rechtstage nach der Hochzeit geschehen.“ (1417)

An Stelle einer Kieler Hochzeitsvorschrift sei wegen ihrer klaren Gliederung auf eine entsprechende Vorschrift Lübecks Bezug genommen, die allerdings erst 1582 gedruckt wurde:

Pastetenhochzeit: Diese wurde gefeiert von den Ratspersonen, den Patriziern und Doctoren. Es durften 3 Mahlzeiten gefeiert werden. Zahl der Gerichte: Am Sonntage 3 (Rindfleisch, Fisch und Gebratenes). Am Montag mittag: Pasteten und die übrigen Gerichte wie üblich. Am Montag abend: 4 Gerichte, Wildbret, Fische, Schaffleisch und Gebratenes. Zahl der Gäste 160, Getränke: Wein.

Vornehme Weinhochzeit: Das Recht darauf stand der vornehmen Bürgerschaft zu. Zahl der Gäste 150, Zahl der Gerichte: 4, Getränke: Wein...

Hochzeiten der 4 großen Ämter (Zünfte): Zahl der Gäste 80, Zahl der Gerichte: 4, Getränke: Bier, jedoch nur eine Sorte.

Hochzeiten der kleinen Ämter: Zahl der Gäste 40, Zahl der Gerichte: 4, Getränke: Bier.

Karl Martin Bolte, Deutsche Gesellschaft im Wandel, Opladen 1966, S. 237, 419, 420, 424.

[1] Leute, die ein Fest ausrichten

Verteidigung

Der äußeren Sicherheit der Stadt dienten Bündnisse mit benachbarten Städten, pfandweise erworbene Burgen an den Zufahrtsstraßen, in den Dienst der Stadt genommene Ritter und einzelne Hauptleute zur Führung der Bürgerwehr. Am wirksamsten waren hohe, massive Stadtmauern, auf denen die mit Armbrusten bzw. später mit Gewehren bewaffneten Bürger ihren genau geregelten Dienst versahen. Der zunehmenden Reichweite der Geschütze entsprechend schoben Ende des Mittelalters einige Städte (z. B. Braunschweig) Mauer und Umflutgraben von dem zu schützenden Stadtkern aus weiter nach außen vor.

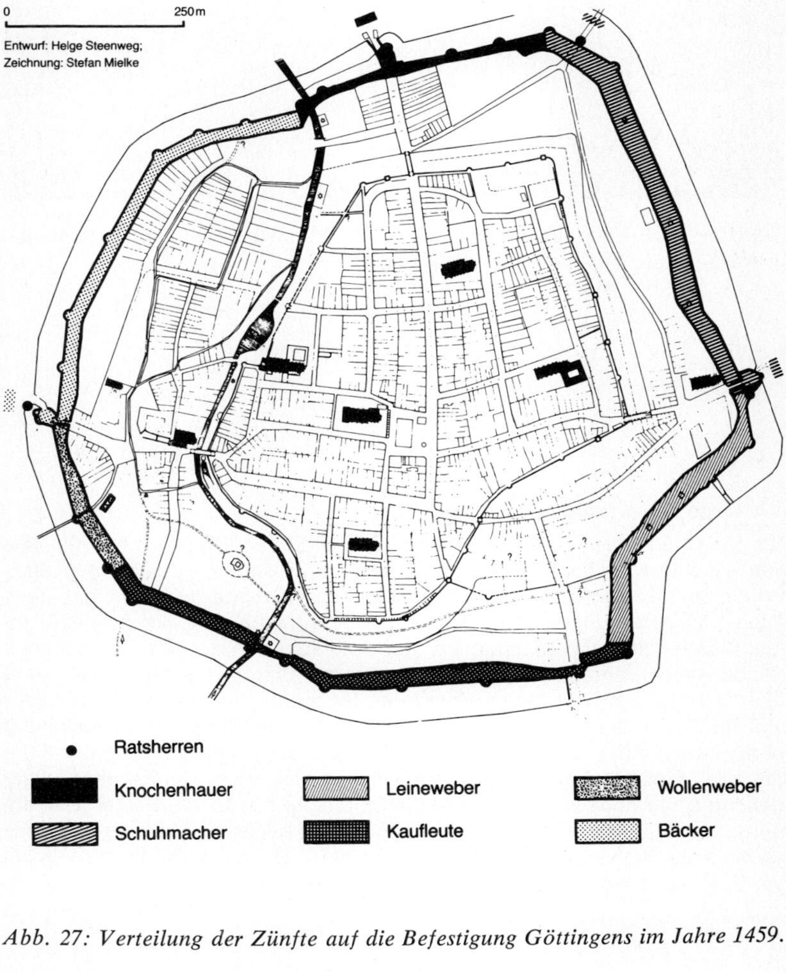

Abb. 27: Verteilung der Zünfte auf die Befestigung Göttingens im Jahre 1459.

Abb. 28: Wehrgang auf der Stadtmauer von Rothenburg. Im 14. Jahrhundert hatte die Mauer eine Länge von 2400 Meter.

Fürsorge für Kranke, Arme und Alte

Die Volkszählungen und Steuerlisten (vgl. Q. 18, 19, 23, 26 u. Abb. 29) lassen erkennen, daß der Anteil der Armen und Bettler in den mittelalterlichen Städten sehr groß war. Innerhalb dieser Gruppe gab es sogar noch feine Differenzierungen vom Habenichts, dem besitzlosen Handwerksgesellen, bis hinunter zum Bettelarmen. Zur untersten Schicht gehörten Krüppel, Blinde und Aussätzige. Eine öffentliche Armenfürsorge bestand nicht, wohl aber gab die weit verbreitete Armut den Reichen Gelegenheit, durch Almosen und Stiftungen gute Werke zu tun. Aus dieser christlichen Gesinnung heraus entstanden große Hospitäler für Alte und Kranke; meistens wählte man dafür das Patrozinium des Heiligen Geistes. Sehr gut erhalten, weitgehend sogar noch in Betrieb sind die Stiftungen in Lübeck, Goslar, Rothenburg und Nürnberg, ebenso die Fuggerei in Augsburg. Für Leprakranke wurde außerhalb der Stadtmauern gesorgt (z. B. das Bartholomäus-Spital vor Göttingen und die Sondersiechenpflege vor Nördlingen).

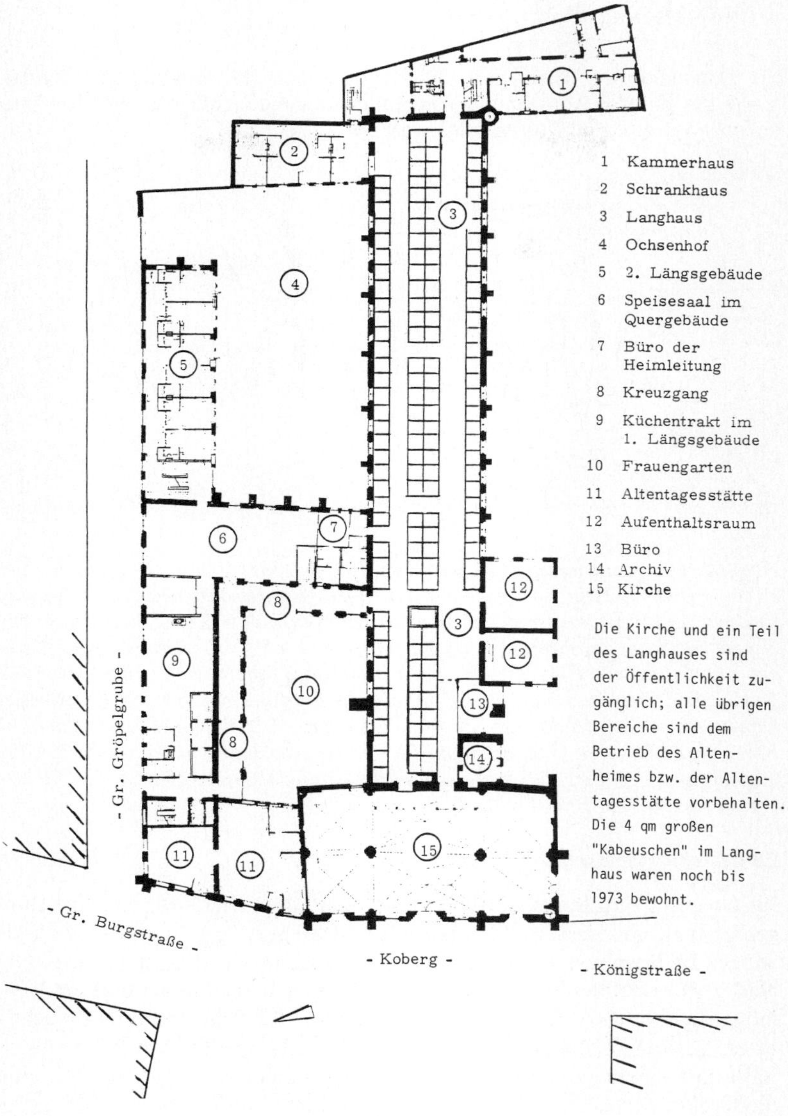

Abb. 29: Das Heiliggeist-Hospital in Lübeck. Grundriß aus einem modernen Prospekt.

5. Finanzhaushalt der Stadt

Die Dimension der Haushalte, die Herkunft und Verwendung der Gelder sowie die mit der Abrechnung von Baumaßnahmen auftretenden Probleme sollen an drei Beispielen gezeigt werden.

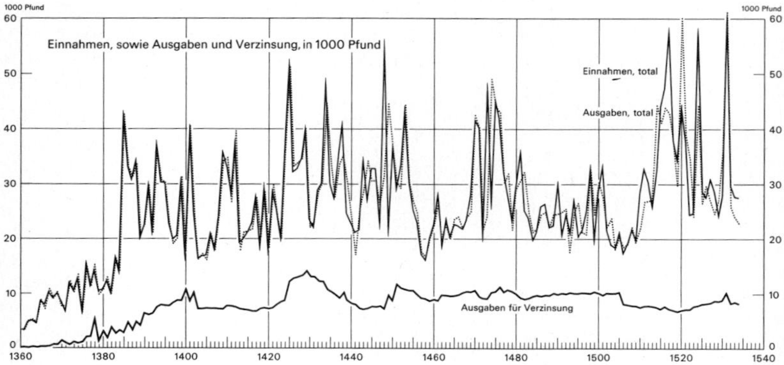

Abb. 30: Der Staatshaushalt Basels von 1360 bis 1535. Das Basisbudget lag bei 24 000 Pfund. Erhöhte Ausgaben waren bedingt durch kriegerische Ereignisse, Erwerb von Herrschaftsrechten oder Vorratskäufe von Korn, Wein usw. für Notzeiten. So kennzeichnet die Ausgabenspitze 1385 Vorbereitungen des Krieges der Schweizer Eidgenossen gegen Österreich; die hohen Ausgaben 1475 gingen dem Sieg über Karl den Kühnen von Burgund voraus. Die Einnahmen kamen im wesentlichen aus Verbrauchssteuern. Direkte Steuern wurden in Basel normalerweise nicht erhoben. Lücken im Haushalt wurden durch Kreditaufnahmen abgedeckt. Die extrem hohe Belastung 1429/30 läßt auf eine Staatsschuld von 180 000 Pfund schließen.

61 Einnahmen Hamburgs, 1376

Im Gegensatz zu Basel wurde in anderen Städten mehr der einzelne Bürgerhaushalt mit seinem Vermögen als Besteuerungsgrundlage herangezogen. In Hamburg wurde 1376 ein „Vorschoß“ je Bürger (d. h. Kopfgeld je Haushaltsvorstand; variabler Satz) von 8 Schillingen und ein Vermögensschoß von 3 ‰ erhoben (fester Satz; im Durchschnitt 29 Schillinge je Bürger). Dabei erbrachten die 1350 schoßpflichtigen Bürgerhaushalte mit einem gesamten steuerbaren Vermögen von 815 333 Ml. eine Steuereinnahme von 3121 Ml. (umgerechnet 2495 Pfund). Das rechnerische Durchschnittsvermögen je Haushalt betrug 604 Ml. (3 Mark lübisch = 2 Gulden) bzw. umgerechnet auf den Kaufwert von 1950 etwa 30 000 bis 32 000 DM.

Zusammengestellt nach: Reincke, Bevölkerungsprobleme der Hansestädte, a. a. O., S. 294 ff.

Finanzielle Abwicklung einzelner Objekte. Auszug aus der Abrechnung über den Koblenzer Mauerbau von 1281: 62

Nach der Abrechnung, die am Samstag vor dem Fest des heiligen Nikolaus [1] im Jahre des Herrn 1280 erfolgte, hat Wolfram für die Miete des Hauses, in dem Kalk gelagert wurde, über das Jahr 6 ß 3 dn ausgegeben; für die Reparatur von Steinmetzwerkzeugen während des ganzen Sommers 6 ß; für Ausbesserungsarbeiten am Graben während des Winters 14 ß; für die abgetragenen Bauten des Görgentores 7 m[2], wovon [als Ausgabe nur] 7 ß berechnet wurden; dem Cempo für einen Rock 6 ß.
Am Fabians- und Sebastianstag [3] nahmen die Schiffe ihre Transporte mit Steinen wieder auf. In dieser 1. Woche gab er den Steinhauern für 4 Schiffsladungen Steine 9 ß 3 dn; denen, die die Fracht besorgten, gab er für diese Schiffsladungen 9 ß 3 dn.
In der 2. Woche gab er den Hauern für 3 Schiffe mit Steinen 7 ß, den Anlieferern dafür 7 ß.
In der 3. Woche gab er den Hauern für 5 Schiffsladungen 11 ß 8 dn; den Anlieferern 11 ß 8 dn. Der Münzverlust bei im Feuer geprüften 23 ß dn betrug 5 ß 4 dn, beim Eintausch von 3 Mark Kölner gegen Aachener Pfennige 6 ß.
In der 4. Woche den Hauern für 4 Schiffsladungen Steine 9 ß 4 dn; den Anlieferern 9 ß 4 dn.
In der 5. Woche den Hauern für 6 Schiffsladungen Steine 14 ß; den Anlieferern 14 ß.
In der 6. Woche den Hauern für 7 Schiffe mit Steinen 16 ß 4 dn; den Anlieferern dafür 16 ß 4 dn; für Sand, der herangeholt werden mußte, 5 ß 6 dn; den Arbeitsknechten [4] 30 dn.
In der 7. Woche, die auf den Sonntag Invocavit folgte, für Wagenmiete 8 ß 9 dn; den Arbeitsknechten 33 dn. Gehauene Steine für Rhein- und Moseltor 6 ß; andere Steine 18 ß 8 dn; den an diesen Toren arbeitenden Steinmetzen 20 ß 6 dn; verschiedenen Arbeitern 10 ß; den Zimmerleuten 18 ß; den Schmieden 18 ß für Arbeiten an Rhein- und Moseltor; Holz zu den Toren 9 ß; denjenigen, die die Torflügel herantrugen, 3 ß; für das Einhängen der Flügel 3 ß 3 dn; den Schöffen als Trinkgeld [5] 2 ß.

Quellen zur Wirtschafts- und Sozialgeschichte mittel- und oberdeutscher Städte im Spätmittelalter, a. a. O., S. 111.

[1] 30. 11.
[2] Rechnungsmünze ist der Kölner Pfennig, mit einem Durchschnittsgewicht von 1,46 g; 1 (Zahl-)Mark = 12 ß zu je 12 dn.
[3] 20. 1.
[4] Bauhilfsarbeiter – Sie erhielten den niedrigsten Tagelohn von durchschnittlich 2 dn.
[5] Wahrscheinlich fand anläßlich der Fertigstellung der Tore eine Feier statt.

IV. Städte als Zentren der Wirtschaft

1. Handel und Gewerbe in der Stadt – eine Topographie

Wirtschafts- und Verkehrstopographie Lüneburgs in Spätmittelalter und Frühneuzeit

Die Darstellung Merians von 1654 (vgl. S. 92/93) entspricht der spätmittelalterlichen Situation, Merian benutzte eine Vorlage aus dem Jahre 1641 (Werdenhagen) und diese wiederum fußt auf einer 1571 erschienenen Darstellung (Braun-Hogenberg). Die Karte zeigt die vielerlei Stätten, wo sich Lüneburgs Wirtschaftsleben abspielte. Der Hauptbetrieb war die Saline; sie hatte im späten Mittelalter eine Jahresproduktion von 20 000 t Salz. Zu den Objekten, die auf dieser Karte nicht wiedergegeben werden konnten, gehören die Häuser der Kaufleute mit ihren Speichern, die individuellen Gewerbeunternehmen der Bürger, die Gasthäuser und Gildehäuser und die Versorgung mit Trinkwasser. Es ist auch nichts über Ackerbürger und die Nutzung des bis an die Landwehr reichenden Landes zu erkennen. Abgesehen von diesen Einschränkungen muß aber betont werden, daß diese Karte mit ihrer konkreten Veranschaulichung einer spätmittelalterlichen Stadt eine archivalische Besonderheit ist.

1 Auf dem Hare. Ältester Salzmarkt vor den Toren der Saline mit der Gerichtsstätte „bei den Steinen".
2 Auf der Altstadt. Marktstraße der Burgsiedlung. 1360 Ordnung für den jährlichen Michaelismarkt im oberen Teil der Altstadt. 1354 Fischschrangen.
3 Am Sande. Platz mit einigen Markt- und vor allem Landfracht- und Verkehrsfunktionen in der Nähe der ältesten Ilmenaubrücke. Am Südende vor St. Johannis 1422 Fischbänke, 1499 Käsefeilbietung. Stellplatz für Bauernfuhrwerk (Salzladung 1340) und Frachtfuhrwerk, d. h. Karren und Wagen (Sandträger/ Wagenlader 14. Jh.). 1570 Kornmarkt. Neben dem Kaufhaus wichtigste Verkehrseinrichtung im Zusammenhang mit dem Lüneburger Stapel (Straßenzwang, Warenniederlage).
4/5 Schweinemarkt westlich und Ziegenmarkt südlich des Kalandgebäudes.
6 Neumarkt. Anlage als Markt für die Gesamtstadt im frühen 13. Jh. Wochenmarkt, der die Funktionen älterer Märkte der Teilsiedlungen weitgehend in sich aufnahm. 1570 Kornmarkt.
7 Ochsenmarkt. Viermal wochenanfangs ab Mitte Oktober. Ausgliederung dieses Begriffes aus dem Gesamtmarkt im frühen 17. Jh.
8 An den Brodbänken. Verkaufsstände der Bäcker an der südlichen Häuserfront.
9 Schrangenplatz. Bestellt mit den Verkaufsbuden der Schlachter. Benachbart die Kuhstraße (Nr. 23).
10 Auf dem Kauf. Es ist anzunehmen, daß wir einen Hinweis auf den ältesten Platz mit Handelsfunktionen am Wasser vor uns haben. Da die Kaianlagen jüngeren Datums sind, könnte der „Kauf(anger)" an eine ältere, flach ansteigende Schiffslände sich angeschlossen haben (vgl. Nr. 32).
11 Am Stintmarkt.
12 Am Fischmarkt.
13 Häringsteg. Über das Wasser hinweg gebauter Steg mit Verkaufsbuden für Hering.
14 Lagerplatz für Tonnenholz der Böttcher hinter dem Kaufhaus. Handels- und Spetitionsbetrieb um das Kaufhaus, dem Zentrum der Lüneburger „Niederlage" (Nr. 44).

15 Feilbietung des per Schiff ankommenden Getreides (Feilbietungszwang); bei Regen unter der Kaufhausbrücke.
16 Holzhude am Wasser. Anlandung des per Schiff herangeführten Brennholzes. Hude = Schiffslände. Auf diesem Areal auch die Kalkhude. Weitere Holzhuden vor dem Lüner Tor (Bauernholz) und vor dem Roten Tor. Hafenbetrieb mit Eigengütern Lüneburger Bürger.
17 Alte Sülze/Saline.
18 Abbau des Gipskalkes am Kalkberg. Benachbart Kalkbrennerei. Die nicht angemerkte Kreidegewinnung lag östlich außerhalb der Mauern (Kreideberg).
19 Neue Sülze (13./14. Jh. ff.).
20 Wollweberstraße. Spätere Heiligengeiststraße.
21 Schlägertwite. Möglicherweise zurückgehend auf Kupfer-Schläger.
22 Grapengießerstraße. Grapen = mittelalterliche dreifüßige Kochtöpfe. Metallguß und Metallbearbeitung.
23 Kuhstraße in unmittelbarer Nachbarschaft der Fleischschrangen (Nr. 9).
24 Schröderstraße. Schrader, Schneider.
25 An der Münze. Städtische Münze.
26/27 Kleine und Große Bäckerstraße.
28 Glockenstraße. Metallguß und Metallbearbeitung.
29 Gerberstraße.
30 Wandfärberstraße. „Wandrahm" genannte Orte außerhalb des Lüner Tores und am Gralwall nicht angemerkt; das gefärbte Material wurde zum Trocknen auf Rahmen gespannt.
31 Böttcherstraße.
32 Im Wendischen Dorfe. Um 1850 wurde noch unterschieden „Wendischen Dorf" und „Am Wendischen Dorfe". Zuletzt hat Reinecke Namen und mögliche Siedlungsspuren auf die in Hafennähe in Buden zusammenlebenden wendischen Schifferknechte zurückgeführt, jedoch vor das Spätmittelalter zurückweisende Spuren verneint. Dennoch scheint unter Berücksichtigung derselben Quellen alles dafür zu sprechen, daß „pagus wandalicus" oder „vicus" (s. Nr. 38) auf einen Siedlungskern am Wasser zurückweisen, der älter war als das Schenkungsdatum der westlich angrenzenden Abtsmühle (1147). Die Nachbarschaft zu Schiffahrt und Fischfang macht im germanisch- slawischen Grenzgebiet an der Ilmenau einen sehr frühen wendischen Bevölkerungsanteil durchaus wahrscheinlich. Gestützt wird diese These durch das Siedlungsbild in diesem Teil der Stadt und den Nachweis des frühen „Kauf-Angers" (Nr. 10) zwischen vicus und Abstmühle. Damit träte eine vor 1147 zurückreichende Siedlung am Wasser mit Handelsfunktionen neben die bisher als Kernsiedlungen Lüneburgs betrachteten Zellen an Brücke, Quelle und Berg. Die Stadterweiterung des späten 12. und frühen 13. Jh. umschließt auch den Hafen.
33 Binnenhafen. Geschlossen durch ein Sperrwerk (Baum).
34 Außen- und Winterhafen. Bei der auf der Hude liegenden Warburg nachts durch eine Kette gesperrt.
35 Salzbude. Kleinhandelsmonopol für Salz in der Stadt.
36 Weißladerei am Sande. Verkauf frischen Salzes an „Ausländer" für den Eigenbedarf (Bauern- und Fuhrleutehandel).
37 Weißladerei am Wasser. Verkauf frischen Salzes an „Inländer" für den Eigenbedarf (Bauern- und Schiffhandel) in Mengen über einer halben Tonne.
38 Salzspeicher am Wasser. Neun Salzräume „in angulo vici" (1390).
39 66 Salzräume (2843 Wispel Salz) und darüber sieben Böden für Tonnen und für Stabholz der Böttcher (um 1700).
40 Salzniederlage im aufgelassenen Kloster Heiligenthal am Berge.
41 Rathaus-Komplex. Zum Markt unter dem Fürstensaal zweigeschossiges Gemeindehaus. Kornböden.
42 Heiligengeist-Hospital. Kornböden.
43 Zeughaus/Glockenhaus. Kornböden.
44 Kaufhaus. Häringehaus (1302), Kophus (1410). Zentrum der Lüneburger Niederlage (besondere, auf den Durchfuhrhandel gerichtete Form des Stapelrechts mit Straßen- und Lagerzwang) und damit verbundener Funktionen: Frachtfuhr, Spedition/Faktorei, Packen, Tragen, Laden, Aufbewahren, Pfünden (Wiegen), Abgabenerhebung, Buchführung. Entsprechende Berufsvielfalt. Um 1608 besorgen Gruppen zu je drei die Zu- und Abfuhr der Waren zwischen Kaufhaus/Hafen und der Stadt mit ihren Karren. Das Kaufhaus war ein Lagerhaus, seine

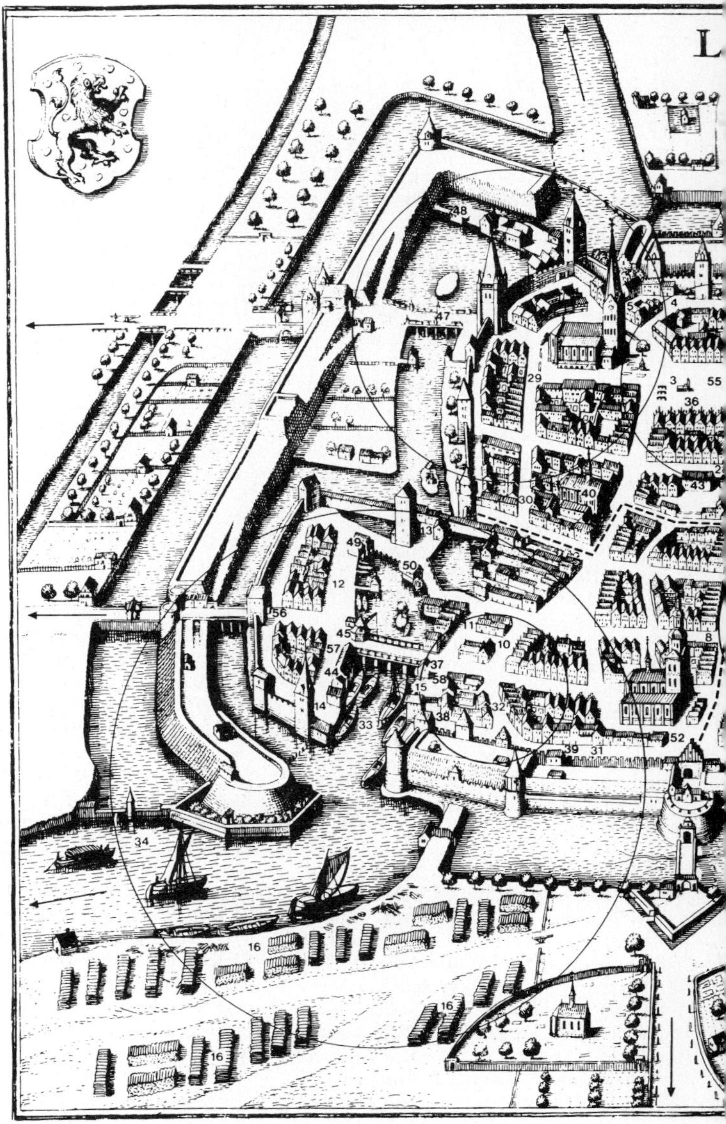

Abb. 31: Wirtschafts- und Verkehrstopographie Lüneburgs in Spätmittelalter und Frühneuzeit.

Verwaltung (Kaufhaus-Schreiber/-Aktuar) jedoch erfüllte am Hafen zentrale Aufgaben der städtischen Kämmerei. Der Handel mit den niedergelegten Gütern lief ggf. über die Lüneburger Faktoren (Kaufleute, Spediteure). Feilbietungs- und Verkaufszwang bestand lediglich für Wein, Tonnenholz, Brennholz, Getreide, Hopfen, Fisch und Vieh auf festgelegten Plätzen in der Stadt.

45 Kran am Kiel des Hafens.

46 Zollhaus, Herzoglicher Zoll Ecke Zollstraße/Bäckerstraße.

47 Brückengeld am Altenbrücker Tor im Lehnbesitz der Familie von Wittorp. 1581 samt Brücke und Unterhaltspflicht durch die Stadt vom Herzog erworben. Es war festgelegt „insonderheit für die Nürnberger, Artlenburger, Magdeburger, die Märkischen und Mecklenburgischen Wagen, sowie für die Fränkischen, Thüringischen und Westfälischen Karren". Mitten auf der Brücke hielt der Goh Modestorp Gericht.

48 Areal der Ratsmühle. Korn-, Öl-, Loh-, Walk-, Papier-, Schleifmühlen.

49 Mühle des Klosters Lüne.

50 Abtsmühle. Mühle des Klosters St. Michaelis.

51

a) Stadtwaage an der Südwestecke des Rathauses am Markt.

b) Stadtame (amehof, Normtonne für Wein nach Wormser Eiche) auf dem Hofe des Rathauses.

c) Stadtelle an der Rathausfront.

52 Bude vor dem Bardowicker Tor (erbaut 1421), in der man „de schepel (Scheffel)) inne kempet (eicht)".

53 Auf dem Hore ein 1454 von den Barmeistern in Auftrag gegebener „Block" mit einem eisernen Maß für den Faden Holz (Brennholzmaß).

54 Aufenthaltsort der Kornmesser auf dem Sande.

55 Güterpfündung durch die Träger auf dem Sande (Wägung mit ungleicharmigen Schnellwaagen).

56 Aufbewahrung des kupfernen Normscheffels des Salzmesser-Amtes im Turm beim Tore der neuen Brücke.

57 Güterpfündung durch die Großträger am Kaufhaus mit ungleicharmigen Schnellwaagen unterschiedlicher Größenordnung.

58 Salzpfündung am Wasser mit auf Tonnengewicht eingerichteten Schnellwaagen.

59 Hospital zum Heiligen Geist. Zweimal jährlich Eichung der Schöpfeimer (Öseammer) vom Sod (Brunnen) der Alten Sülze (1569).

Stadt im Wandel. Kunst und Kultur des Bürgertums in Norddeutschland 1150—1650, Landesausstellung Niedersachsen 1985, Ausstellungskatalog Bd. 2, hg. v. Cord Meckseper, S. 1326—1329.

2. Wochenmärkte, Jahrmärkte, Messen und Warenbörsen

Mit zunehmender Arbeitsteilung und Spezialisierung infolge des Wachstums der Städte wuchs der Bedarf an Gelegenheiten, vielfältige Waren anzubieten und zu kaufen. Wöchentliche Märkte auf dem Marktplatz dienten der Bevölkerung der Stadt und des Umlandes zur Deckung des täglichen Bedarfs, zumal es Ladengeschäfte kaum gab. Auf Jahrmärkten boten auch Händler aus größerer Entfernung ihre Waren an, während Messen und Warenbörsen den Kaufleuten zur Verbesserung ihres Angebots dienten.
Um den Marktfrieden zu erhalten, gab es für jeden Markt Regelungen, die streng überwacht und durch Sanktionen erzwungen wurden.

Marktordnung Herzog Heinrichs I. von Niederbayern für Landshut, 1256: **63**

Im Jahre der Fleischwerdung des Herrn 1256, am Donnerstag nach Martini, ist in Landshut folgendes verordnet worden, was bis zur nächsten Lichtmeß [1] und dann ein Jahr lang gelten soll:

[1.] Wir verbieten, Schwerter und Dolche innerhalb der Stadt zu tragen. Und sooft jemand dabei ertappt wird, daß er sie trägt, soll er der Stadt 6 ß geben und dem Richter 60 dn [2]. Wer aber Dolche und Stechmesser trägt, soll der Strafe für Räuber [3] unterliegen.

[2.] Graues Tuch soll nach dieser Unserer Verordnung in einer Breite von 5 Spannen hergestellt und die beste Elle für 10 dn verkauft werden. Zuwiderhandelnde sollen der Stadt 6 ß und dem Richter 60 dn zahlen.

[3.] Walker, die nicht vorschriftsmäßig walken, und Weber, die nicht vorschriftsmäßig weben, sollen 60 dn zahlen.

[4.] Wucherer, Vorkäufer [4] und Verbindungen, die im Volksmund „Einungen“ heißen, verbieten Wir bei einer Strafe von 5 lb dn und erklären sie überdies für rechtlos.

[5.] Wir ordnen an, daß $2^1/_2$ Pfund Rindfleisch für 1 dn verkauft werden und [zum gleichen Preis] ebensoviel Hammelfleisch oder 3 Pfund Ziegenfleisch. Die es anders halten, sollen der Stadt 6 ß und dem Richter 60 dn zahlen.

[6.] Wer Unschlitt vorkauft oder wer es außerhalb der Stadt verkauft, soll die gleiche Strafe, wie oben genannt, büßen. 1 Pfund Unschlitt soll $1^1/_2$ dn kosten.

[7.] Die Futterhändler mögen am Maß $^1/_2$ dn verdienen und am Heu 5 dn.

[8.] Die „Fragner“ [5] sollen 5 dn verdienen.

[9.] Warenhändler und solche Fragner, die auf der Straße feilhalten, unterliegen der gleichen Bestimmung. Wer dagegen handelt, soll 60 dn geben.

[10.] Wir verordnen bezüglich derjenigen, die Waren in die Stadt bringen, daß außerhalb des öffentlichen Markts kein Kauf stattfinden darf. Ebenso soll kein Fragner persönlich oder durch Boten irgend etwas in der Stadt aufkaufen. Wer gegen diese Gebote verstößt, soll der Stadt 6 ß und dem Richter 60 dn geben. Hat er kein Geld, so wird ihm die Hand abgeschlagen.

[11.] Wir ordnen an, daß zwei gute und mittelgroße Würste für 1 dn abgegeben werden sollen; sie dürfen nur aus reinem Schweinefleisch hergestellt sein. Von krankem Fleisch dürfen keine gemacht werden. Wer dagegen verstößt, soll 1 lb dn zahlen und für die Dauer eines Jahres vom Handwerk ausgeschlossen werden.

[12.] Finniges und minderwertiges Fleisch darf nur 7 Fuß vom Fleischmarkt entfernt verkauft werden, desgleichen das Fleisch für die Juden. Wer das übertritt, soll 5 lb dn zahlen und ein Jahr lang dem Fleischmarkt fernbleiben.

[13.] Wir bestimmen, daß zwei Brote jeder Art, entsprechend der Marktgepflogenheit wohl geknetet, gesalzen und gesiebt, für 1 dn verkauft werden sollen. Brot, das „vriz“ [6] genannt wird, verbieten Wir gänzlich. Gerste darf nicht mit „Semmelroggen“ [7] vermischt werden. Brezeln dürfen nur aus Weizenmehl gemacht werden. Wer das dreimal übertritt, soll 1 lb dn zahlen und für ein Jahr von seinem Handwerk ausgeschlossen sein.

[14.] Wir verordnen, daß Unsere Bürger einen Eimer [8] italienischen Weins für 5 ß ausschenken, Fremde für $^1/_2$ lb und 10 dn [9]. Den besten Frankenwein soll man für 75 dn ausschenken, die mittlere Sorte für 55 dn. Wer zweierlei Weinsorten zugleich ausschenkt oder mischt und wer nicht das rechte Maß an den Tisch bringt, soll der Stadt 6 ß und dem Richter 60 dn geben.

[15.] Das alte Maß bayerischen Weins soll für 1 dn abgegeben werden, desgleichen das Maß Met für $1^1/_2$ dn.

[16.] Einen Eimer [10] Bier sollen sie für 18 dn öffentlich verzapfen. Wer selbst braut, soll den Eimer für 15 dn abgeben. Sooft einer falsches Maß gibt, muß er der Stadt 60 dn und dem Richter 28 dn zahlen.

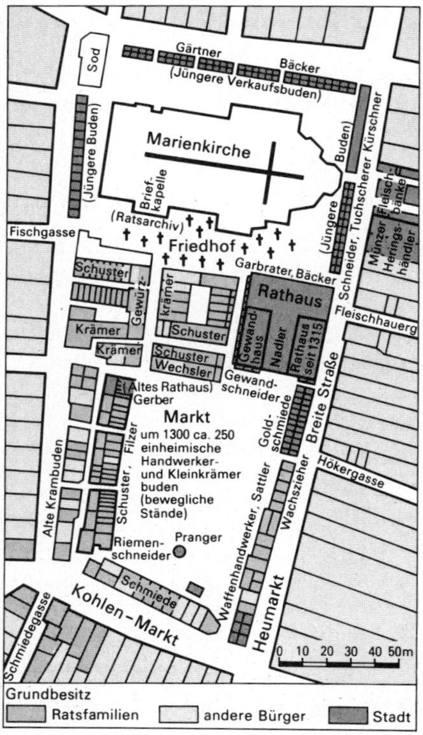

Abb. 32: Der Markt von Lübeck Anfang des 14. Jahrhunderts.

[17.] Wir verordnen, daß die Fischer alle ihre Fische öffentlich abgeben und nicht am Ufer verbergen sollen. Wer das übertritt, soll 60 dn zahlen.
[18.] Kein Wirt darf sich für betrunkene Mitbürger verbürgen, was im Volksmund „weren" genannt wird; er darf auch nicht für Bürgersöhne oder -knechte Bürgschaft übernehmen auf Kleider, die mit Gürteln geschlossen werden. Wer das übertritt, soll der Stadt 6 ß geben.
[19.] Kein Kleinböttcher darf irgendein Maßgefäß herstellen, das nicht die vorgeschriebenen städtischen Maße einhält, und kein Fremder soll es tun ohne den Rat derer, die für die Stadt Vorsorge tragen[11]. Übertretern werden die Finger abgeschlagen, und außerdem müssen sie 60 dn zahlen.
[20.] Lotterbuben jeder Art, fahrende Schüler mit langem Haar lassen Wir in der Stadt nicht zu. Wer sie länger als eine Nacht beherbergt, den verurteilen Wir zu einer Strafe von 1 lb dn.
[21.] Wir bestimmen, daß weder der Büttel noch ein anderer Gerichtsdiener Strafgelder einnehmen darf ohne Anwesenheit des Stadtschreibers, der sie aufzeichnen soll. Wer das übertritt, wird es nach dem Ermessen des Stadtrates büßen.
[22.] Wir verordnen, daß die Weber 3 Ellen „Rupfen" und ebenso „achambin" für 1 dn herstellen sollen und 2 Ellen Leinen für 1 dn.
[23.] Die Schuster müssen Verschnürung (?) und Sohlen für 1 dn und die Sohlen allein für $^1/_2$ dn erneuern. Übertreter sollen Strafe zahlen.

Quellen zur Wirtschafts- und Sozialgeschichte mittel- und oberdeutscher Städte im Spätmittelalter, a. a. O., S. 49, 51, 53.

[1] 2. 2. 1257
[2] Das Pfund wurde in Bayern in 8 Schillinge (ß) zu je 30 Pfennige (dn) unterteilt.
[3] Nach dem bayerischen Landfrieden von 1255/56 sollte ein Räuber „in der aehte sin und rehtlos". Die härtere Strafe traf demnach den, der die an sich kleineren, aber in der Kleidung verborgenen Waffen trug (vgl. MGH Const. II Nr. 438 Art. 19 und 69).
[4] Unter Vor- oder Fürkauf verstand man hier den spekulativen Kauf auf Vorrat mit dem Ziel der Preistreibung.
[5] Lebensmittelhändler
[6] Bedeutung ungeklärt
[7] Gemisch aus Weizen oder Dinkel mit Roggen
[8] 1 Schenkeimer = 60 alte Maß zu je 1,07 l
[9] d. h. um 20 dn billiger
[10] 1 Biereimer = 64 Maß = 68,42 l
[11] Umschreibung für den Stadtrat, ein vom Stadtherrn gesetztes Organ aus Ministerialen und Bürgern.
[12] Abfalltuch, Gewebe aus ausgekämmter Wolle

Bestrafung eines betrügerischen Bäckers. Eintragung im Urfehdebuch der Stadt Leipzig von 1468: **64**

Uff hewt sonnabent nach Dionisii anno etc. lxviij hat der rath eynem becker, Veitz gnant, uff der Hallischen brucke, sein burgerecht uffgesagt und dobei ernstlich gesagt, das er von stunt des tags bei sonnen schein sich uß der stat machen und nymmer mehir darinn kommen noch backen solle, von des wegen, das er sein brot zcu cleyne gebacken und dem gemeynen mann zcu geringen kauff geben und menniglich domit betrogen hat ...

Quellen zur Wirtschafts- und Sozialgeschichte mittel- und oberdeutscher Städte im Spätmittelalter, a. a. O., S. 343.

65 **Waren und Händler der Freiburger Jahrmärkte** Ende des 15. Jahrhunderts. Aus einer Abhandlung von 1971:

Die Furcht vor der zunehmenden Konkurrenz der auswärtigen Kaufleute hatte nämlich schon 1473 dazu geführt, daß man diese vom Besuch der Wochenmärkte ausgeschlossen hatte. Unter diesen Umständen bieten also die Jahrmärkte ... [zu Beginn der Fastenzeit und im Herbst] ... eine der wenigen Gelegenheiten, bei denen man wenigstens einen wichtigen Teil der auswärtigen Handelsbeziehungen der Stadt erfassen kann.

Es fragt sich zunächst, was hier gehandelt wurde. Zweifellos hatten Stoffe aus Wolle oder Seide bzw. Baumwolle oder Leinen einen wesentlichen Anteil am Marktverkehr. Deshalb erscheinen auch heimische Tuchmacher manchmal mit etwa 15 bis 20 Ständen, denen gelegentlich bis zu 10 bis 11 auswärtige Tuchhersteller sich hinzugesellten. Ferner werden an angebotenen Stoffen noch deutlich Barchent, Schamloth [1], Bursat (ein Seidenstoff), Decken, Schleier und gemalte Tücher. Schuhe durften offenbar von Auswärtigen überhaupt nicht gehandelt werden, wohl aber Pantoffeln, Lederkoller und Weißgerberwaren. Umfangreich war natürlich die Zahl der mit sogenannten Kramwaren Handelnden, die Gürtel, Säcke (= Taschen), Nestel [2], Hüte, Barette, Seile, Spenglerwaren, Schirme, Seife, Gelten [3] und Hafen sowie Schüsseln führten. Zu diesem Bereich an Waren sind ferner zu rechnen: Gewürze, Buch- und Briefpapier und Deckbetten. Ausgesprochene Luxuswaren boten einige wenige Silberkrämer und Kristallverkäufer sowie eine Puppenmacherin an. An eisernen oder metallenen Krämerwaren kamen Messer, Nadeln, Löffel usw. zum Verkauf. Außerdem hielten Waffenschmiede, Scheiden- und Spießmacher ihre Waren feil. Das Angebot der Jahrmärkte vervollständigten Brillenverkäufer und Zahnbrecher.

Berent Schwineköper, Beobachtungen zum Lebensraum südwestdeutscher Städte im Mittelalter, insbesondere zum engeren und weiteren Einzugsbereich der Freiburger Jahrmärkte in der zweiten Hälfte des 16. Jhds., in: Stadt und Umland, a. a. O., S. 43 f.

[1] Stoff aus Kamelhaar
[2] Schmales Band
[3] Gefäß für Flüssigkeiten

Handelsplätze von überregionaler Bedeutung waren seit dem 12. Jahrhundert die Messen in Flandern und vor allem seit dem 13. Jahrhundert die Messen in der Champagne (Lagny, Bar sur Aube, Provins, Troyes). In Deutschland waren nach Frankfurt a. M. auch Leipzig, Nördlingen und Zurzach bedeutende Messestädte. Gegen Ende des Mittelalters wurden Messen außer Waren- auch wichtige Geldhandelsplätze.

Messeprivileg. Aus einer Urkunde König Maximilians I. für die Stadt Leipzig, 66
1507:

Wir Maximilian, von gots genaden Romischer kunig, zu allenntzeitten merer des reichs, zu Hunngern Dalmatien Croatien etc. kunig, ertzhertzog zu Osterreich, hertzog zu Burgundi zu Lotterig zu Brabannt zu Steir zu Kernndten zu Crain zu Lymburg zu Lutzemburg und zu Gheldern, lanndtgrave im Elsass, furst zu Swaben, phaltzgrave zu Habspurg und zu Honigew, gefurster grave zu Burgundi zu Flanndern zu Tirol zu Gortz zu Arthoys zu Holannd zu Seeland zu Phirrt zu Kyburg zu Namur und zu Zuphen, marggrave des heiligen Romischen reichs, der Enns und zu Burgaw, herre zu Friesland, auf der Windischen march, zu Mecheln zu Portenaw und zu Salins etc. bekennen offennlich mit disem briefe und thun kundt allermenigklich:
Nachdem wir hievor auf anruffen und bete weilennd des hochgebornnen Albrechten hertzogen zu Sachsen, lanndtgrafen in Duringen und marggraven zu Meissen, unnsers lieben oheim, fursten und unnser und des reichs ewigen gubernator in Friesland, unnsern und des reichs lieben getrewen burgermaister, rate und gemainde der stat Leybtzigkh drey jarmarckht, nemlich eins yeden jars einen auf sonntag Jubilate anzufahen bis auf den sonntag Cantate nechst darnach werende, den anndern auf den nechsten sonntag nach sannd Michaelsstag [1] anzufahen und acht tag die nechsten darnach werennde, und den dritten an dem heiligen newen jars tag anzufahen und auch die nechsten achttag darnach volgend zuweren, mitsambt iren ubunge und gebrauche confirmirt und bestett und dartzu mit sonndern gnaden und freyheiten fursehen [2], innhallt unnsers kunigklichen briefs daruber ausgeganngen, das wir umb des hochgebornnen Georgen hertzogen zu Sachsen, lanndtgraven in Duringen und marggrafen zu Meyssen unsers lieben oheim, fursten, rat und ewigen gubernator in Frieslannd vleissigen gebete und getrewen verdienens willen den egemelten burgermaister, rate und gemeinde zu Leybtzigk zu solhem die ferre gnad und freyhaiten getan und gegeben und solh ir vorgegeben gnaden erweittert, tun geben und erweyttern inen die auch von Romischer kunigklicher macht volkomenhait wissenntlich in krafft dits briefs.
Also das sy zusambt gebrauchung solher yetzgemelter jarmerckht und freihaiten, auch in der gemelten stat Leybtzigkh niderlage und stappel mit grosser und clainer ware haben und all und yegklich gnad, freyheiten und rechten dartzu gebrauchen und geniessen, die annder stet, so der

gleichen nyderlag und stappel haben, gebrauchen und geniessen von recht oder gewonheiten; dartzu das auch nu hinfur kein jarmarckht, mess oder nyderlage inner funftzehen meyln gerynngs umb die obbestimbten stat Leybtzigkh sol aufgericht und gehallten werden in kainerley weyse [3].
Und damit die egenannten von Leybtzigkh und ir nachkomen bey den obgemelten jarmerckhten, nyderlag, gnaden und freyhaiten des statlicher und geruiger beleiben und die ersucht werden mugen, setzen ordnen und wellen wir, daz alle und yegklich kaufflewt, kauffer, verkauffer und annder personen, aus was kunigreichen, furstentumbenn, lannden, stetten und dorffern oder was wirden, stats oder wesens die sein, die zeit, so sy die obbestimbten jarmerckht oder niderlag besuchen, mit iren haben und guettern im zu und ab ziehen unnser und unnser nachkomen am reiche Romisch kayser und kunig und des heiligen reichs frey, strackhs sicherhait und gelait haben sollen, das auch die strassen durch alle lannd unnsers Romischen reichs zu und von angezaigter mergkhten und niderlag durch keinerlay sach, wie sich die begeben mocht, nicht versperrt, desgleichen die ware und gutter, so zu und von bestimbten mergkhten und niderlag gefuert oder getriben wirdt, nicht sollen aufgehallten, verhindert oder rechtlich arestirt werden . . .
Und gebieten darauf allen und yegklichen unnsern und des heiligen reichs churfursten, fursten geistlichen und weltlichen, prelaten, graven, freyen herrn, rittern, knechten, hawbtleutten, vitztumben, vogten, phlegern, verwesern, armbtleuten, schultheissen, burgermaistern, richtern, reten, burgern und gemainden und sunst allen andern unnsern und des reichs unnderthanen und getrewen, in was wirden stats oder wesens die seinn, von Römischer kunigklicher macht ernnstlich und vesstigklich mit diesem brief und wellen, daz sy die abgemelten unnser oheim und fursten hertzog Georgen von Sachsen und sein erben, auch burgermaister und rate der stat Leybtzigkh und ir nachkomen, an den obgemelten jarmerckhten, nyderlegen, gnaden, freyhaiten, privilegien, rechten und gerechtigkeiten nicht irren noch hindern, sonnder sy der wie obsteet gerublich gebrauchen, geniessen und genntzlich dabey beleiben lassen . . .

Quellen zur Wirtschafts- und Sozialgeschichte mittel- und oberdeutscher Städte im Spätmittelalter, a. a. O., S. 403—406.

[1] 29. 11.
[2] Das Privileg von 1497 verbot unter anderem die Errichtung neuer Jahrmärkte in den Bistümern Magdeburg, Halberstadt, Meißen, Merseburg und Naumburg.
[3] Das ausgedehnte Stapelgebiet schloß die mit Leipzig konkurrierenden Städte Naumburg, Halle, Mageburg und Erfurt sowie das Erzgebirge und Mansfeld ein.

67 **Aufbau der Pfingstmesse zu Nördlingen.** In dem 1979 erschienenen Buch „Nördlingen. Lebenslauf einer schwäbischen Stadt" heißt es:

Mit der Niederlassung und Klostergründung der Barfüßer bei der Nikolauskapelle im Jahre 1223 erhielt die Messe erst recht Anregung und ihren festen Platz. ... Die Mönche verlegten ihr Kirchweihfest zeitlich auf den Termin der Handelsmesse. Sie räumten zur Messezeit ihren Gottesacker, ja ihren Kreuzgang und die Kapelle den Kaufleuten zum Aufschlagen der Marktbuden. Sie beteiligten sich sogar am Geschäft, indem sie Standgeld dafür kassierten, selbst hergestellte Artikel zum Kauf anboten und Geld gegen Zins ausliehen. Gegenüber der Klosterkirche ... steigt der Leutberg an, dessen Name schon auf seine irdische Bestimmung hinweist. (Vgl. „Leutpriester", d. i. Weltgeistlicher, im Gegensatz zu den Ordensleuten, die im Kloster leben.) Auf ihm standen die schweren Holzriegelbauten der ältesten Messegebäude, das „Paradies", ein Kaufhaus für Gemischtwaren, ... und das Kürschner- oder Gürtlerhaus. ... In den Verkaufsboxen des Kürschnerhauses – sein Name sagt es – boten die Pelzhändler ihre Waren feil. Der Tuchhandel hatte seine Stätte um den Marktplatz. Da dienten zur Messezeit das Rathaus, das Tanzhaus, die Fleischbank und die Ratstrinkstube als Gewandhäuser, die drei letzteren wurden durch Holzbrücken miteinander verbunden ... Sie bildeten auf diese Weise eine recht ansehnliche Ladenstraße. Einmal geschah hier ein Unglück. Da führte – „do man zählt 1468 jahr" – ein Mann ein Kamel durch die Gassen, das Volk lief ob dem Spektakel zuhauf, auch auf der Brücke über die Innere Berger Gasse, und diese brach unter der Last der Schauenden zusammen, wobei 13 Menschen zu Tode stürzten.

Gustav Adolf Zipperer, Nördlingen. Lebenslauf einer schwäbischen Stadt, Nördlingen 1979, S. 52—53.

Geschäftsreisen. Das sehr ausführliche Rechnungsbuch eines Freiburger Kaufmanns von 1487/1488 läßt folgende Aktivitäten erkennen: **68**

Er kauft hauptsächlich Weinstein, d. h. weinsaures Kalium, einen Niederschlag aus Weinfässern, der damals als Medizin und zu verschiedenen anderen Zwecken benutzt wurde, aus den Weindörfern westlich und südlich der Stadt Freiburg. Dann transportiert er diese sehr schwere Ware auf dem Landweg über Kappel am Rhein nach Straßburg, worauf er mit einem Schiff nach Frankfurt am Main zur Frühjahrsmesse fährt. In Frankfurt verkauft er den Weinstein gegen Tuch aus dem Norden unter Zuschuß von Bargeld, weil der Stoff wertvoller als der Weinstein war. Mit diesem Tuch kehrt er sofort wieder in die hiesige Gegend zurück und verkauft es auf den Märkten in und um Freiburg. Danach macht er eine zweite Fahrt nach Frankfurt zur Zeit der Herbstmesse mit den gleichen Waren- und unter den gleichen Geldverhältnissen. Auf beiden Reisen treibt er als Nebengeschäft Handel mit Tragpferden [aus Zurzach], weil der Weinstein erheblich schwerer als das zurücktransportierte Tuch war. Während der Handel auf den beiden Reisen im Jahre 1487 und auf der ersten Fahrt im Jahre 1488 auf die geschilderte Weise verlief, wurde sein Tauschvorhaben im Jahre 1488 durch einen Schiffsunfall und eine daraus folgende Beschädigung eines großen Teils des Weinsteins offenbar erheblich beeinträchtigt. Infolgedessen mußte er sein Verfahren im restlichen Teil des Jahres nach vorheriger Beratung mit seinem geldgebenden Handelspartner stark ändern. Alle Verkäufe wurden nun nur noch gegen Bargeld vollzogen und neue, möglichst gewinnreiche Waren zu handeln versucht. So handelt er auf der zweiten Reise von 1488 und im restlichen Teil dieses Jahres mit folgenden neuen Waren: Branntwein, Messern und Pferden. Daneben betrieb er den An- und Verkauf von Tuch in der bisherigen Form. Der Ertrag wurde aber auch dadurch nicht wesentlich gehoben. Er setzte sich also neue Reiseziele. München und Augsburg kamen zu Frankfurt hinzu. Aber die Marktverhältnisse in diesen neuen Städten waren ihm ziemlich fremd. Als er nach München kam, um Sensen zu kaufen, konnte er dort keine fertige Ware finden. Er mußte infolgedessen in Augsburg Messer kaufen. Am Ende des Jahres war er aus diesem Grunde noch sehr tief bei seinem Handelspartner verschuldet, und die Bereinigung des hieraus entstandenen Streites vor dem Freiburger Gericht sollte noch Jahre dauern, wenigstens bis 1495, in welchem Jahr er eine Verteidigung gegen eine Appellation an die königlichen Räte vorbereitet hat.

Steven W. Rowan, Die Jahresrechnungen eines Freiburger Kaufmanns 1487/88, in: Stadt und Umland, a. a. O., Kohlhammer Verlag, Stuttgart, S. 235—236.

69 **Fernhandel.** Eintragungen im Handlungsbuch der Runtinger zu Regensburg über Geschäfte in Wien mit Tuchen von der Frankfurter Fastenmesse 1402 in zusammenfassender Wiedergabe:

Ein Handlungsgehilfe kaufte als Hauptposten
6 Tuche aus Sint-Truiden (Provinz Limburg), je 15 rhein. Gulden,
28 Tuche aus Köln, je 12½ rhein. Gulden,
4 Tuche aus Marburg zu 11¼, 8½ bzw. 8 rhein. Gulden.
Die Unkosten für Zoll, Maut und Geleit hatten 25¾ rhein. Gulden und für persönliche Spesen 8 rhein. Gulden betragen, das sind 4⅔ % der Einkaufssumme.
Der Aufenthalt in Wien dauerte 9½ Wochen, die persönlichen Spesen betrugen 5¾ % der Einkaufssumme.
Die Tuche aus Sint-Truiden wurden mit 37,5 % Aufschlag an 2 Kunden verkauft,
die Tuche aus Köln mit 41,5 % Aufschlag an 3 Kunden,
die Tuche aus Marburg mit 58 % Aufschlag an 2 Kunden.
Da die Zahlungen sich aber bis 1404 hinzogen und zum Teil sogar erst 1406 eingeklagt werden mußten, dürfte an diesem Geschäft kaum verdient worden sein.
Einige weitere Tuche aus dem Frankfurter Einkauf waren in Regensburg über den Detailverkauf abgesetzt worden.

Quellen zur Wirtschafts- und Sozialgeschichte mittel- und oberdeutscher Städte im Spätmittelalter, a. a. O., S. 264—267.

3. Handelsgüter und Handelswege

Das späte Mittelalter stellt eine wichtige Phase der europäischen Wirtschaftsgeschichte dar, die durch Exklusivität und Vielfalt der Waren, weite Entfernungen der Handelswege und das Bemühen um Minderung der Transportrisiken gekennzeichnet ist. Städte waren dabei die Etappen der Handelsrouten und zugleich Zwischen- und Endpunkte im Vertriebssystem.

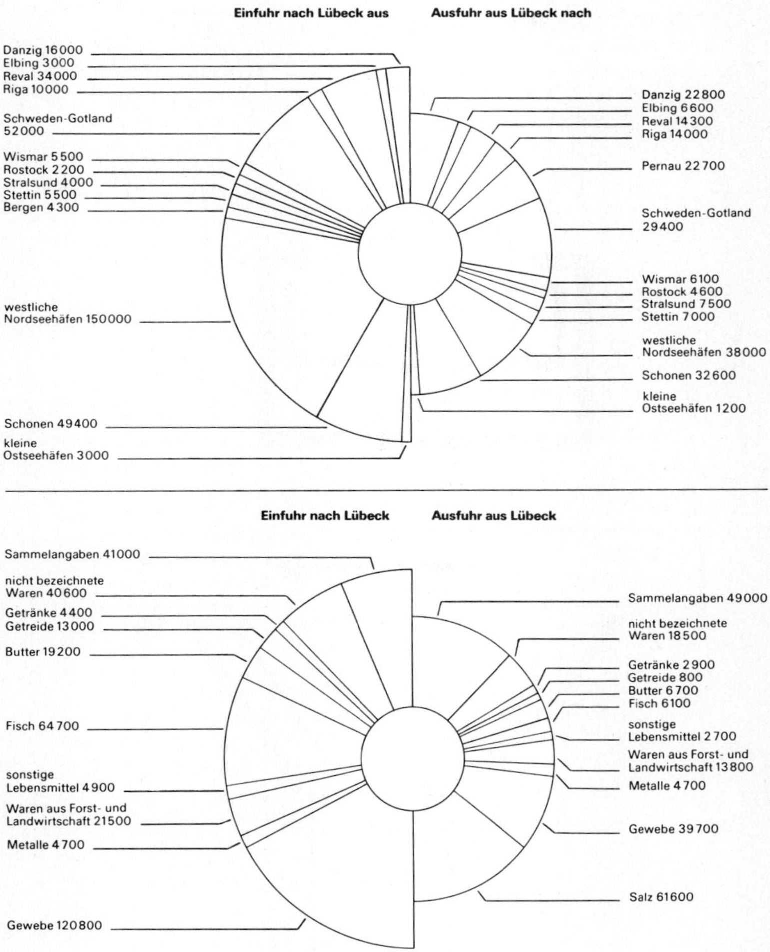

Abb. 33: Der Umschlag im Lübecker Hafen im Jahre 1368. Angaben in Lübischer Mark von etwa 243 g Silber.

Abb. 34: Die Rolle des Handels im Ablauf der Volkswirtschaft.

a)

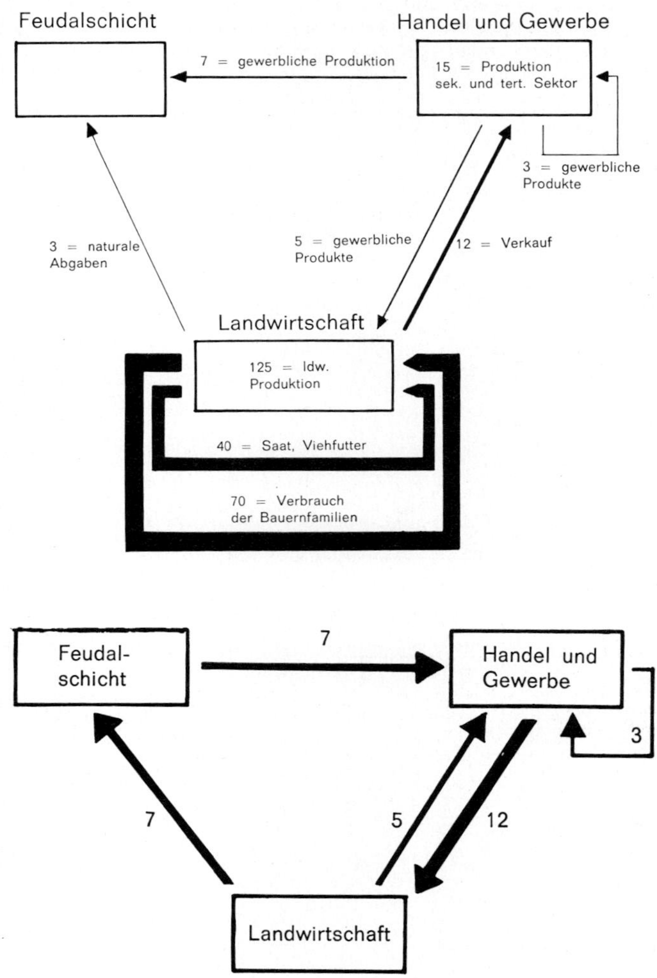

b)

c)

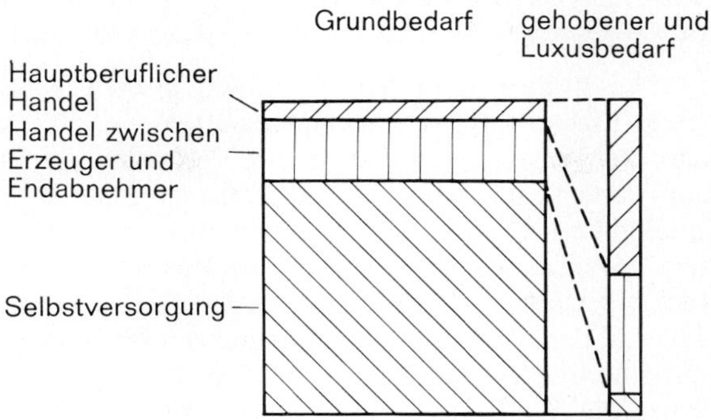

Abb. 35: Die Verbreitung der Tuche von Ypern. ● *12./13. Jahrhundert.* ○ *14. Jahrhundert.*

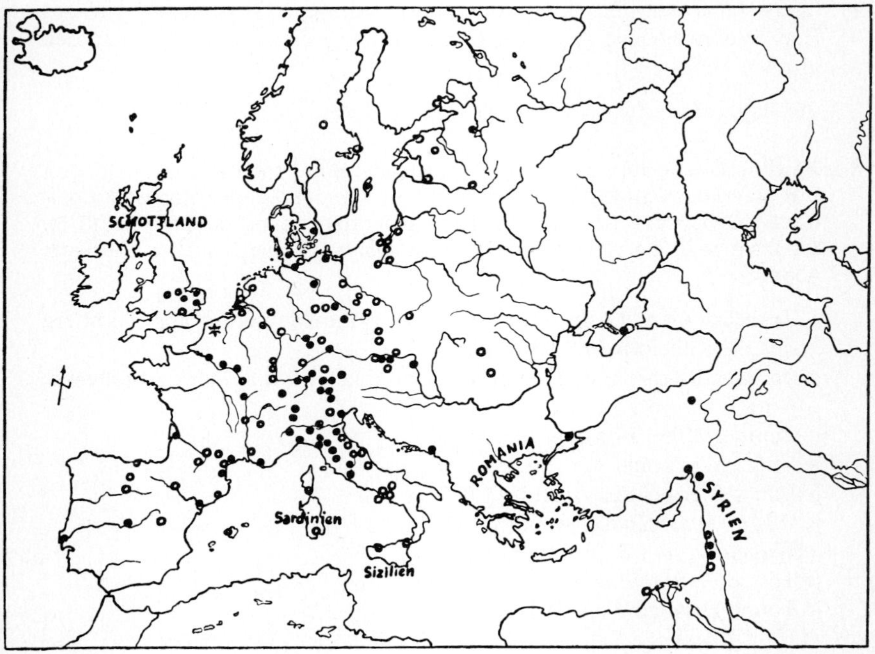

70 **Gefährdung des Handels durch Seeräuber.** Die Ratsherren der Stadt Bremen bitten 1307 um Unterstützung gegen die Friesen aus Rüstringen:

Den ehrenwerten Männern, wissenden treuen, ihren geliebten Freunden, den Herren Richtern, Ratsherren und Schöffen der Städte und Landstädte Osnabrück, Münster, Soest, Dortmund, Vechta, Quakenbrück, Wiedenbrück und Lünen entbieten die Ratsherren der Stadt Bremen ihren zu allen Gefälligkeiten bereiten Willen. Euer Ehren müssen wir mit tiefstem Schmerz anzeigen, daß die Friesen aus Rüstringen, die unterhalb der Ahne wohnen, durch Raubzüge und verschiedene Unrechtstaten die Wege des Meeres, der Flüsse und ihnen angrenzenden Länder so stören, daß die Kaufleute und rechtschaffenen Männer unter Vernachlässigung ihrer Geschäfte die Weser und die übrigen dem Gebiet benachbarten Flüsse zu meiden gezwungen sind; der Übermut der Friesen kann am besten gezügelt werden, wenn Eure und unsere Kaufleute ihre Wochen- und Jahrmärkte nicht besuchen. Und wenn wir auch um des gemeinen Vorteils der Kaufleute willen gegen die Friesen Krieg und vielfältige Mühen auf uns nehmen und schon lange in abgelaufenen Zeiten auf uns genommen haben, scheuen diese sich dennoch nicht, in ihrer Aufsässigkeit hartnäckig fortzufahren. Deswegen bitten wir Euer Ehren ganz inständig und fordern Euch auf, daß Ihr mit Euren Kaufleuten anordnet, die Wochen- und Jahrmärkte der Friesen nicht zu besuchen, bis diese von ihrem Übermut und ihren Raubzügen ablassen. Darin könnt Ihr uns Euer Wohlwollen so zeigen, daß wir Euch und Euren Mitbürgern zu den größten Diensten tief verpflichtet sind.

Quellen zur Hanse-Geschichte, a. a. O., S. 257 und 259.

71 **Warensortiment.** Aus der Erfurter Geleitstafel des Landgrafen in Thüringen und Markgrafen zu Meißen. Verzeichnis der an der Erfurter Hebestelle geltenden Geleitsätze für die über Land geführten Handelsartikel (um 1315). Die Liste zeigt die Vielfalt des Warensortiments und die Belastbarkeit durch Abgaben:

1 Tuch aus Gent 12 dn; aus Aachen oder Soest je 10 dn; aus Nürnberg oder je einheimisches Tuch 6 dn
je Zentner Flachs, Wolle, Federn, Garn, blauer Zwirn oder Abfallwolle 6 dn
je Zentner Hüte, Filz oder Haare 6 dn
je Fuder Wein oder Met 30 dn
je Fuder Bier bei der Ausfuhr 1 ß
je Wagen Waid 30 dn, je Karren 15 dn
je Wagen Korn 1 ß, je Karren 6 dn
je Tonne Fisch (Neunaugen oder Aale) 6 dn
je Tonne Heringe 3 dn, je Last (= 2000 kg) 3 ß
je 1000 Bücklinge 3 dn

je 100 Stockfische 15 dn
je 100 Lamm- oder Ziegenfelle 15 dn
je 100 Otter-, Fuchs- oder Hasenfelle 2 ß
je Zentner Kohl-, Lauch- oder sonstige Saat 3 dn
je Zentner gebrauchte Pelze oder Kleider 6 dn
je 1000 Eichhörnchenfelle 1 ß
je Zentner Schinken, Räucherspeck, Schmalz, Öl oder Talg 6 dn
je Fuder Honig 30 dn
je Zentner Wachs 20 dn
je Zentner Barchent 20 dn
je Zentner gute Kramware (Kandis, Muskat, Ingwer, Pfeffer, Safran) 20 dn
je Zentner Lakritze, Anis, Reis, Lorbeer, Mandelkerne, Zucker, Alaun, Schwefel, Weinstein oder Thymian 6 dn
je Zentner verzinnte eiserne Flaschen, verzinnte Eisenhandschuhe, Eisendraht, Platten oder Panzer 6 dn
je Zentner Lakritze, Anis, Reis, Lorbeer, Mandelkerne, Zucker, Alaun,
je Zentner Glas 6 dn
je Wagen Sensen 1/2 Mark
je Wagen Sicheln 1/2 Vierding
je Zentner Papier 6 dn
je Wagen Nüsse 4 Pfund Nüsse
je Wagen grüne Heringe 3 ß

Anmerkung zur Währung:
1 Zählmark = 20 Schillinge (ß) zu je 12 Pfennige/Denare (d)
1 Gewichtsmark (233,85 g) = 4 Vierding

Zusammengestellt nach: Quellen zur Wirtschafts- und Sozialgeschichte mittel- und oberdeutscher Städte im Spätmittelalter, a. a. O., S. 157—160.

Fernhandelswege. Der Doge Lorenzo Celsi erteilt 1365 eine Vollmacht für Verhandlungen mit Kaiser Karl IV. über eine neue Handelsroute Venedig–Prag–Brügge: **72**

Wir, Lorenzo Celsi [1], von Gottes Gnaden Doge von Venedig usw., übertragen Dir, dem edlen Herrn Ludovico Contarini [2], Unserem lieben Bürger und Getreuen: Ziehe auf Unseren Befehl hin zu Seiner Durchlaucht, Herrn Karl, von Gottes Gnaden Römischer Kaiser und König von Böhmen; erweise ihm zunächst die gebührende Verehrung und lege mit Unserer und Unserer Gemeinde Empfehlung dann Unsererseits dar, daß Wir zur Kenntnis genommen haben, was Ritter Sagramors von Baumgarten [3], sein Abgesandter, gestern von seiten Seiner Hoheit Uns dargelegt hat: Und zwar hat Seine Majestät im Hinblick auf den guten Stand und Vorteil Unserer Kaufleute und Getreuen bedacht: Auf dem Weg über Prag einen bestimmten Fluß [4] entlang kommt man in kurzer Zeit zum Meer, das von Brügge nur 40 deutsche Meilen entfernt ist;

dieser Weg ist, wie man allgemein annimmt, zu weit geringeren Kosten und in weit kürzerer Zeit zurückzulegen als der Weg, den man derzeit zu genanntem Ort Brügge geht; und die ungeheure Weisheit Seiner Majestät hatte beschlossen: Wenn Unsere genannten Kaufleute und Getreuen dort entlangziehen wollen und Prag und die anderen Gegenden seines genannten Königreiches Böhmen mit ihren Gütern und Handelswaren benutzen wollen, wird dies Seiner Majestät sehr gefallen und sie wird sich darum bemühen, diese zusammen mit ihren Gütern und Handelswaren wohlwollend und huldvoll zu behandeln und behandeln zu lassen, diese auch mehr als die anderen Leute abgabenfrei zu stellen; er werde ihnen in Prag einen Fondaco [5] gewähren und die Befugnis und Freiheit, aus dem genannten Königreich Gold, Silber und anderes auszuführen.

In dem Bestreben, den Wünschen Seiner Majestät nach Möglichkeit entgegenzukommen, haben Wir geplant, Dich zu Seiner Majestät zu schikken; . . .

Zweitens: Zur Inaugenscheinnahme und Prüfung der Wege, Örtlichkeiten, Ausgaben für Sicherheiten, Freimachungen und Herrschaften der Herren auf genanntem Wege sowie alles übrige, was nach Deiner Ansicht und Kenntnis zu Vorgenanntem gehört und Bezug hat, und was immer der genannte Herr Kaiser Dir über Vorgenanntes sagt, sollst Du hören und beachten sowie (geordnet und genau) schriftlich festhalten, so daß Du Uns über alles Mitteilung machen kannst.

Außerdem beauftragen Wir Dich, daß Du eine gute und sorgfältige Prüfung vornehmen sollst bei der Reise, in wieviel Tagen die Handelswaren von hier nach Prag geschafft werden können, zu welchen Kosten, durch welche Herrschaftsgebiete und mit welcher Sicherheit; ferner von Prag bis zu dem genannten Fluß, anschließend vom Beginn dieses Flusses bis zum Meer, sowie vom Meer bis Brügge. Und wenn es Dir nützlich scheint, kannst und sollst Du bis zur Meeresküste reisen, jedoch mit Wissen und Willen des genannten Herrn Kaisers, wobei Du alles einzeln und genau schriftlich festhalten läßt, so daß Wir bei Deiner Rückkehr über alles volle Berichterstattung erhalten können.

Ferner beauftragen wir Dich, bevor Du den genannten Herrn Kaiser verläßt, Aufklärung darüber zu erlangen für den Fall, daß unsere Venezianer und Getreuen bis Prag reisen, mit welchen Freiheiten er sie erfreuen will, außerdem ob Du von ihm erreichen kannst, daß sie abgabenfrei sind und dort einen Fondaco als Besitz erhalten können, um alles dorthin zu schaffen und von dort auszuführen – dies würden Wir gern sehen . . .

Quellen zur Verfassungsgeschichte des Römisch-deutschen Reiches im Spätmittelalter (1250—1500), a. a. O., S. 405, 407.

[1] Doge 1361–65 — [2] aus berühmter venez. Partizierfamilie — [3] Edler am Hofe Karls — [4] also die Elbe — [5] aus griech. πάνδοχος über arab. fonduk – Unterkunft

Abb. 36: Niederlassungen im Ausland. In Venedig durften Handelsgeschäfte der Deutschen nur im Deutschen Handelshaus, dem Fondaco dei Tedeschi, abgeschlossen werden. (Kupferstich von Rafael Custos, 1651).

Folgen des Westindien-Handels für das europäische Handelssystem. Aus einem Brief aus Bologna an den Nürnberger Sixt Tucher, 1506: **73**

... Da die ganze Darlegung von Staatsangelegenheiten ausgegangen ist, möchte ich, bevor ich zu Ende komme, noch eines hinzufügen, das für euer Staatswesen von nicht geringem Interesse ist. Du weißt, daß vor vierzehn Jahren unter dem Oberbefehl der spanischen Könige und unter Führung von Christoph Kolumbus eine gewissermaßen neue Welt gefunden worden ist und darin 600 Inseln, vor allem Haiti, Kuba, Guadeloupe und Colocuta [1], auf denen Mastix, Aloe, Ingwer und Zimt – wenn auch nicht zu vergleichen mit den äthiopischen [2] (Drogen und Gewürzen) – wild wachsen. Diese Expedition brachte Venedig und eurer Stadt schlimme Einbuße, den Niederdeutschen und Leipzigern aber größten Vorteil deswegen, weil die Sarmaten, d. h. die Polen, Ungarn und Böhmen jene Drogen und Gewürze leichter und mit geringeren Kosten in Leipzig einkaufen können als zuvor die ägyptischen in Nürnberg. Jetzt höre ich, daß sich die Venezianer dem Sultan triputpflichtig gemacht haben [3], damit solche Waren künftig nicht in Niederdeutschland, sondern in Venedig zum Verkauf angeboten werden. Wenn dem so ist, steht es mit eurer Stadt vortrefflich: Ihr werdet nicht nur den früheren Handelsverkehr behalten, sondern es wird euch, weil ihr die neuen Inseln mit euren eigenen Waren versorgen werdet, noch ein großer Zuwachs zufallen. Dies alles schreibe ich Dir, verehrter Patron, um Dir einen Gefallen zu erweisen und damit ich mich um Dich verdient mache. . . .

Quellen zur Wirtschafts- und Sozialgeschichte mittel- und oberdeutscher Städte im Spätmittelalter, a. a. O., S. 401, 403.

[1] Bedeutung unklar
[2] d. h. indischen
[3] Zweck des Friedensschlusses mit dem Sultan von Ägypten war, diesem den Kampf mit den Portugiesen zu ermöglichen und so den Handelsweg über Portugal und die Niederlande zu behindern.

4. Zusammenschlüsse zur Hanse und zu Handelsgesellschaften

Die Tätigkeit der Kaufleute verlief weitgehend in dem durch Märkte und Messen vorgegebenen lokalen Rahmen. Darüber hinaus konnten sie, soweit sie Fernhandel betrieben, die großen ausländischen Messen besuchen oder ihren Aktionsradius durch den Aufbau eigenständiger Fernhandelssysteme vergrößern. Firmenrechtlich gab es drei verschiedene Modelle, um in einem Ausmaß Handel zu treiben, der über die finanziellen Möglichkeiten eines einzelnen hinausging. Bei dem Modell, das die Hanse darstellte, arbeitete jeder auf eigene Rechnung und Gefahr; gemeinsam erwarben und betrieben sie auswärtige Handelskonzessionen und Niederlassungen und wehrten Beeinträchtigungen ihrer Rechte und Gefährdungen der Wege ab. Die Hanse war auf Norddeutschland und den Nord- und Ostseehandel konzentriert. In Süddeutschland gab es zahlreiche Zusammenschlüsse einzelner Gesellschafter zu einer gemeinsamen Firma sowie die Form der stillen Beteiligung an einem Unternehmen, d. h. die Kapitalbeteiligung. Sehr beliebt waren Gesellschaften, deren Zweck auf die Abwicklung eines bestimmten Geschäftes beschränkt war und die nach kurzer Zeit wieder aufgelöst wurden. Die Finanzierung des Handels wurde durch die großen Zahlungsfristen (½–1 Jahr) erleichtert.

Besonderheiten der Hanse

74 **Der rechtliche Status der Hanse.** Aus einem Schreiben der Hanse von 1469 an den englischen Kronrat:

2. . . . Es ist eine irrige Behauptung, daß es seit undenklichen Zeiten in Deutschland eine societas, ein collegium und eine universitas gäbe, die gewöhnlich „Hansa Theutonica" genannt wird usw. Aber, Ehrwürdigste Väter, bei aller schuldigen Achtung vor der königlichen Majestät, die Hansa Theutonica ist keine societas: denn sie kennt weder eine Gemein-

schaft aller Güter noch eines Teiles der Güter, da in der Hansa Theutonica keine Gütergemeinschaft besteht; noch ist sie eine societas für bestimmte Handelsgeschäfte, da in der Hansa Theutonica jeder Einzelne Geschäfte für sich macht, und Verlust und Gewinn aus den Geschäften jeden Einzelnen trifft. Da nun das Recht keine andere als die drei genannten Formen von Gesellschaften kennt, steht fest, daß die Hansa Theutonica keine societas ist.

Sie ist auch kein collegium, weil im Recht der Zusammenschluß mehrerer zu einem Ganzen collegium genannt wird: die Hansa Theutonica aber ist aus weithin getrennten Städten gebildet, wie die königlichen Schriften zu erkennen geben. Also ist deutlich, daß die Hansa Theutonica kein collegium ist. Sie ist auch keine universitas, weil im bürgerlichen wie auch im kanonischen Recht für eine Gemeinschaft, die den Namen einer universitas verdient, gefordert wird, daß sie gemeinsamen Besitz, einen gemeinsamen Schatz, ein gemeinsames Siegel, einen gemeinsamen Syndicus und einen gemeinsamen Geschäftsführer besitzt; aber nichts von all diesem ist in der Hansa Theutonica zu finden. Sie ist also keine universitas.

Und außerdem ... ist die Hansa Theutonica zustande gekommen durch Übereinkommen und Bündnis verschiedener Städte; aber es steht außer Zweifel, daß durch den bloßen Zusammenschluß von Städten rechtlich noch keine societas, kein collegium oder keine universitas entsteht; dazu sind nämlich noch viele andere Voraussetzungen erforderlich.

Sondern die Hansa Theutonica ist ... ein festes Bündnis (confederacio) von vielen Städten, Orten und Gemeinschaften zu dem Zwecke, daß die Handelsunternehmungen zu Wasser und zu Land den erwünschten und günstigen Erfolg haben und daß ein wirksamer Schutz gegen Seeräuber und Wegelagerer geleistet werde, damit nicht durch deren Nachstellungen die Kaufleute ihrer Güter und ihrer Werte beraubt würden. (Es folgt eine Erörterung über die Etymologie des Wortes Hanse, das man von dem lateinischen Wort „ansa“ ableitet.)

3. Die Hansa Theutonica wird nicht von den Kaufleuten geleitet, sondern jede Stadt und jeder Ort haben ihre eigenen Herren und ihre eigene Obrigkeit, durch die sie regiert werden. Denn die Hansa Theutonica ist, wie schon gezeigt worden ist, nichts anderes als eine Art Bündnis von Städten, das die Städte nicht aus der Rechtshoheit der Herren, die schon früher die Regierung ausübten, herauslöst: sie sind vielmehr diesen Herren in allen Dingen untertänig wie vorher und werden von ihnen regiert.

4. Auch hat die Hansa Theutonica kein gemeinsames Siegel und keinen gemeinsamen Rat. Ein Siegel widerspricht nämlich der Sachlage. Sondern wenn wegen notwendiger Geschäfte Briefe im Namen der ganzen Hansa Theutonica geschrieben werden, so besiegelt man diese mit dem Siegel der Stadt, in der sie geschrieben wurden, wie leicht zu sehen war an den Schriftstücken und Vollmachten, die an Euch, Ehrwürdige Väter,

kürzlich im Namen der ganzen Hansa Theutonica gerichtet wurden: sie waren nicht mit einem gemeinsamen Siegel der Hansa Theutonica, sondern mit dem der Stadt Lübeck, wo sie geschrieben waren, besiegelt. Die Hansa Theutonica hat auch keinen gemeinsamen Rat, sondern jede einzelne Stadt schickt beauftragte Gesandte, die nicht Räte (consiliarii) sondern Gesandte (oratores) genannt werden, sooft man über schwebende Fragen beraten muß...

6. Weder die Hansa Theutonica noch irgendeine der Städte hat die Macht, Zusammenkünfte zu berufen und Versammlungen anzuordnen; die Städte der Hanse versammeln sich vielmehr, sooft Fragen zu erörtern sind, durch gegenseitigen Beschluß an einem Ort und beschließen unter sich das zu halten, was für ihre Kaufleute nützlich scheint. Auch kommt bis jetzt keiner Stadt der Hanse die Vorrangstellung zu. Die Städte bestimmen vielmehr einige unter ihnen, auf die sich die Verhandlungsgegenstände in erster Linie beziehen, und diese geben, je nach der Wichtigkeit der Angegelenheit, den anderen Städten Mitteilung, daß sie ihre Gesandten schicken sollen.

Dollinger, Die Hanse, a. a. O., S. 554—556.

Die Kölner Konföderation von 1367

Die erste Gewährung von Handelsrechten für Lübecker Kaufleute in Dänemark war zwischen 1203 und 1209 erfolgt. 1360 kam es zu einer ernsthaften Verschlechterung der Handelsmöglichkeiten durch den Dänenkönig, der eine Vormachtstellung in den nordeuropäischen Gewässern anzustreben schien. Der daraufhin von den hansischen Ostseeanliegern unter Führung des Lübecker Bürgermeisters geführte Seekrieg (mit 52 Schiffen) wurde zu einer verlustreichen Niederlage der beteiligten Hansestädte. Die 1367 in Köln geschlossene „Konföderation" umfaßte auch nichthansische Städtegruppen, dazu als Verbündete Schweden, Mecklenburg und Holstein. Bemerkenswert ist die sorgfältige finanzielle Vorbereitung. – Nach ihrem Sieg forderte die Hanse keine neuen wirtschaftlichen Vorteile, sondern gab sich mit der Bestätigung der früheren Privilegien zufrieden.
Ähnlich hart wie gegen Dänemark war die Hanse im Kampf um ihre Rechte mit Blockaden und Handelssperren gegen Flandern und Norwegen vorgegangen; sogar mit England und Frankreich hatte die Hanse kriegerische Auseinandersetzungen geführt.

75 **Aus den Vereinbarungen der Kölner Konföderation** von 1367

Wir ... bekennen . ., daß wir ... übereingekommen sind ... 1. Erstens, daß wir wegen mancherlei Unrecht und Schaden, die die Könige von Dänemark und von Norwegen dem gemeinen Kaufmann zufügen und zugefügt haben, ihre Feinde werden und einander auf folgende Weise getreulich beistehen wollen: Nämlich, daß die wendischen Städte mit den livländischen Städten und mit denen, die zu ihnen gehören, zehn Koggen ausrüsten sollen, bemannt mit tüchtigen Bewaffneten, d. h. 100 auf jeder Kogge; und zu jeder Kogge sollen eine Schute und eine Snikke [1] gehören.

Die von Preußen, nämlich die Seestädte, sollen desgleichen fünf Koggen ausrüsten. ... usw. (im ganzen 22 Koggen).

2. Ferner sind wir übereingekommen, daß alle Koggen und Leute von der Zuidersee, aus Holland und Seeland sich so einrichten sollen, daß sie zum nächsten Palmsonntag vollkommen bereit sind, mit der ganzen Flotte von ihren Städten mit dem ersten Wind in den Öresund zu segeln, und daß sie zusammen nach Marstrand [2] kommen, sich dort einfinden und aufeinander warten und von Marstrand gemeinsam in den Öresund segeln. Und die Koggen und Leute der wendischen Städte und der von Preußen sollen mit ihrer ganzen Flotte, mit allen den Schiffen, die durch den Öresund wollen, nächsten Ostern bereit sein, nach den Gellen [3] zu segeln, sich dort einfinden und zur Flotte von der Zuidersee in den Öresund segeln, sobald sie erfahren, daß sie dort ist. Und wenn sie im Öresund versammelt sind, dann soll die gesamte Flotte von beiden Gegenden bei den Kriegskoggen bleiben und tun, was ihr die Hauptleut befehlen. ...

4. Ferner, um die Kosten zu decken, soll jeder Kaufmann von seinem Gut Pfundgeld bezahlen, und zwar von jedem Pfund Groschen einen Groschen, von sechs Lübecker Mark vier Lübecker Pfennige, von neun Stralsunder Mark sechs Stralsunder Pfennige, von vier Preußischen Mark acht Preußische Pfennige, von zwölf Mark Finkenaugen [4] acht Finkenaugen, ganz gleich wohin er segelt. Und desgleichen sollen die Schiffer von ihren Schiffen halbes Pfundgeld bezahlen, ...

5. Dieses Pfundgeld soll in jeder Stadt dieser Konföderation beim Verlassen des Hafens erhoben werden

Der Sieg der Hanse brachte eine Bestätigung der früheren Privilegien, Stornierung der Abgabenerhöhung von 1361 sowie die Überlassung von 4 Festungen am Sund mit zwei Dritteln ihrer Einkünfte auf die Dauer von 16 Jahren.

Dollinger, Die Hanse, a. a. O., S. 523—525.

[1] leichte Schiffe
[2] Hafen an der schwedischen Westküste
[3] Vorgebirge der Insel Hiddensee, westlich von Rügen
[4] Pommersche Münzsorte

Abb. 37: Handelsgüter der Hanse.

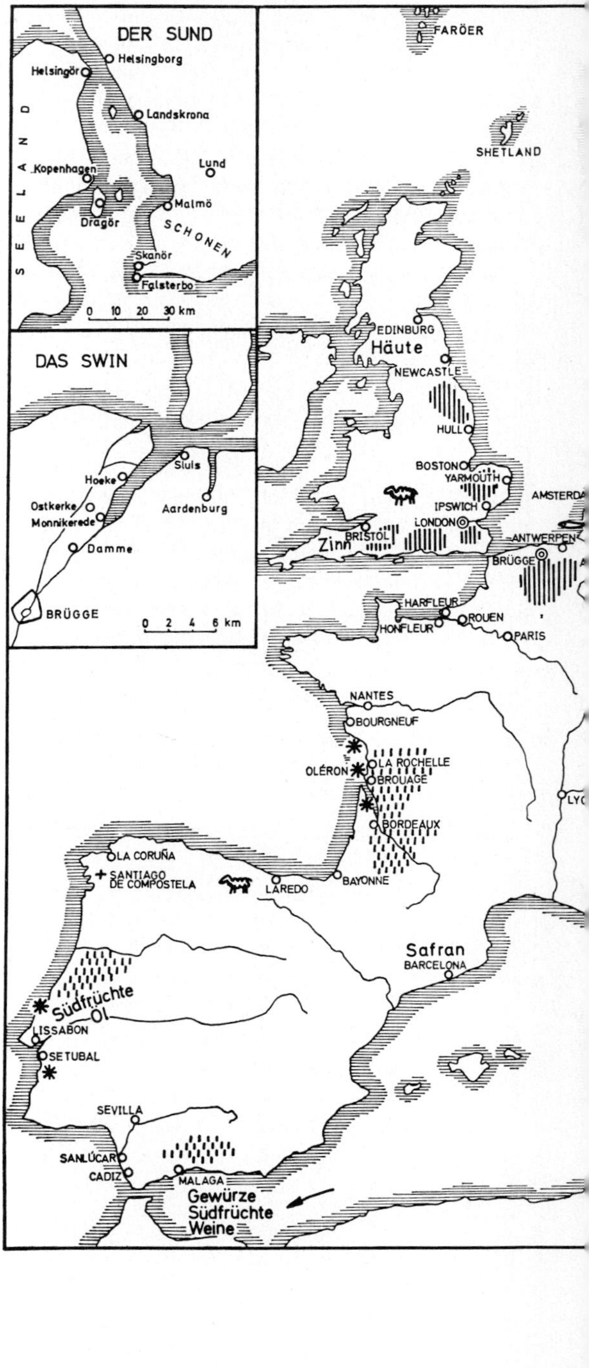

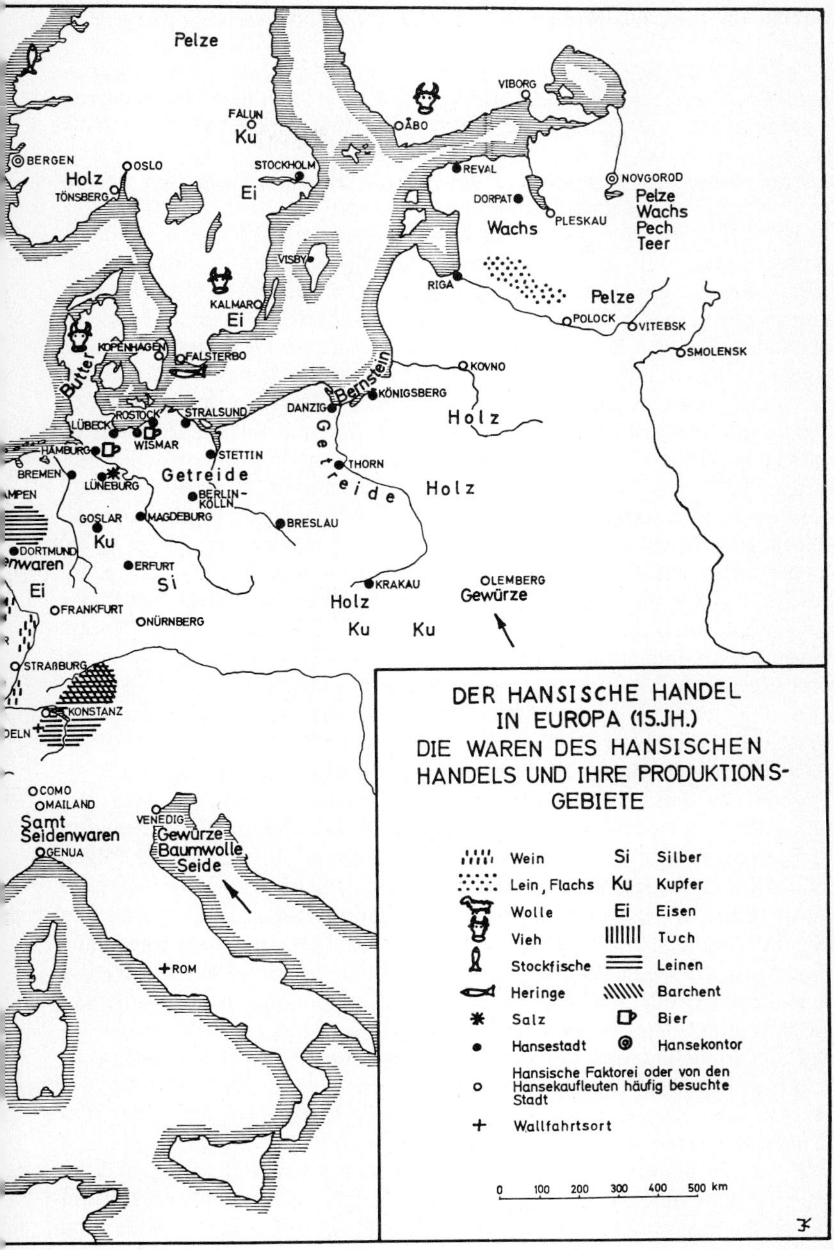

DER HANSISCHE HANDEL IN EUROPA (15.JH.)
DIE WAREN DES HANSISCHEN HANDELS UND IHRE PRODUKTIONSGEBIETE

Entzug der Hanseprivilegien in England 1598 und Schließung des Stalhofes

Kaiser Rudolf II. war wahrscheinlich auf Drängen Spaniens gegen die Merchant Adventurers aktiv geworden. In Reaktion darauf ging die englische Regierung gegen den Londoner Stalhof, den Sitz der Hanse in England, vor.

76 **Aus der Ordonanz Elisabeths I.**, „Königin von **England,** Frankreich und Irland", an den Mayor und die Sheriffs von London:

Es hat der Römische Kaiser ein Mandat an alle Kurfürsten, Prälaten, Grafen und an alle anderen Beamten und Untertanen des Reiches gerichtet, wegen verschiedener Klagen über angeblich ungerechte Behandlung in unserem Königreich, die von den verbündeten Städten der deutschen Hanse an ihn herangetragen wurden; auch ist eine Klage von ihnen gegen die Kompagnie der Merchant Adventurers erhoben worden, ohne daß eine Antwort zur Widerlegung dieser Klagen gegeben werden konnte, die doch offensichtlich ungerechtfertigt und nicht der Wahrheit entsprechend sind; und dennoch ist es durch dieses Mandat den englischen Kaufleuten, d. h. den Merchant Adverntuers, verboten, irgendwelchen Handel innerhalb des Reiches zu treiben, vielmehr sind sie aufgefordert worden, das Reich bei Strafe zu verlassen und, weder offen noch geheim, an einem Hafen oder Landeplatz anzulegen oder irgendwelchen Handel zu Wasser oder zu Lande im Reich zu treiben, bei Strafe der Gefangennahme ihrer Leute und der Beschlagnahme ihrer Waren, neben verschiedenen anderen übertriebenen Verordnungen, die gegen unsere genannten Untertanen ausgesprochen wurden:

Und obgleich wir nachdrückliche Briefe an den Kaiser und die Kurfürsten und die anderen Fürsten des Reichs gesendet haben, worin wir über diese Maßnahmen die Meinung geäußert haben, daß wir ungerechterweise von den genannten Hansestädten angegriffen werden, und deshalb gefordert haben, daß das genannte Mandat entweder widerrufen oder aufgeschoben wird, so blieben wir doch ungewiß, was hieraus folgen solle. Und deswegen haben wir es inzwischen für unserer Ehre angemessen gehalten, anzuordnen, daß alle in unserem Königreich befindlichen Angehörigen der im Reich gelegenen Hansestädte und besonders alle diejenigen, die einen Wohnsitz in unserer Stadt London haben, entweder in dem Haus, das gewöhnlich „Steelyard" heißt, oder an irgendeinem anderen Platz, jeglichen Handel zu unterlassen und keine Verträge abzuschließen haben und in derselben Weise unser Herrschaftsgebiet zu verlassen haben, wie unsere Untertanen das Reich verlassen sollen, bei den gleichen Strafen, die gegen unsere Untertanen in dem genannten Mandat enthalten waren.

Und zur Durchführung sollen der Mayor unserer Stadt London und die Sheriffs sich sogleich zum „Steelyard" begeben und die Verwalter und Bewohner zusammenrufen, um sie über diesen unseren Beschluß und Befehl in Kenntnis zu setzen: Sie sollen ihnen befehlen, vor dem 24.

des Monats (dies ist der Tag, an dem unsere Kaufleute Stade verlassen müssen) das Königreich zu verlassen, und alle Untertanen der Hansestädte des Reiches, die sich in unserem Königreich befinden, davon unterrichten, daß sie ebenso das Land am genannten Tag zu verlassen haben. Und Ihr, Bürgermeister und Sheriffs, ruft zwei Beamte des Zollhauses, zu Euch, um das genannte Haus am 24. Januar zu besetzen, damit es in unserem Gewahrsam bleibt, bis wir von geeigneteren Maßnahmen des Kaisers erfahren, die darauf zielen, den traditionellen, rechtmäßigen Handel unserer Untertanen im Reich wiederherzustellen. Und dies soll Eure Vollmacht für die Durchführung des Vorhergesagten sein.

Dollinger, Die Hanse, a. a. O., S. 537—539.

Tätigkeit einer Handelsgesellschaft in Venedig

Brief des Kaufmanns Peter Karbow aus Venedig an seinen Teilhaber Hildebrand Veckinghusen in Brüssel, 1411. **77**

Freundlichen Gruß zuvor! Wißt, lieber Hildebrand, wie ich Euch von den 1000 Dukaten geschrieben habe, die ich bei Hans Reme aus Augsburg aufgenommen habe, so habe ich Euch wohl mitgeteilt, was Ihr ihm zum 19. März dafür zu zahlen habt. Ich bitte Euch um aller Freundschaft willen, daß Ihr ihm dies pünktlich zahlt, da ich ihm Bürgschaft gestellt und ihm darüber hinaus noch Briefe mit dem Siegel unserer Gesellschaft gegeben habe. Wenn ihm ein Schaden entsteht, müßten ich selbst und meine Gesellschafter ihm dafür aufkommen. – Ich teile Euch ferner mit, daß ich vor acht Tagen für 10 000 Dukaten Gewürze, nämlich indischen und arabischen Ingwer, Muskatnüsse und Muskatblüten, Gewürznelken und was ich sonst noch am günstigsten erhandeln konnte, von hier abgeschickt habe und in den nächsten acht Tagen noch weiter abschicken werde. Dazu benötige ich Geld, wenn ich die Rosenkränze, Tuche und Hermelinpelze nicht bis auf St. Jacobi stehen lassen will. Auch habe ich von Weihnachen bis heute 12 000 Dukaten bar ausgegeben, und jeden Tag erhalte ich noch neue Wechsel von (unserem Teilhaber) Hans van Mynden. Lieber Hildebrand, möge Gott uns helfen, daß wir noch für ein Jahr vorlegen können und daß es sich so ergibt, wie ich dem Syverd [1] mitgeteilt habe: ich vertraute darauf, daß ich mit Gottes Hilfe eine genau so günstige Abrechnung vorweisen könne, wie es die letzte war. Wir müssen daran denken, das Geschäft mit den Rosenkränzen nicht aufzugeben, denn auch wenn man sie lange auf Lager hat, so kauft man ja auch mit einem Jahr Kredit. Mehr kann ich darüber nicht schreiben. Lebt wohl in Christo. Geschrieben am 19. Januar.

Was ferner die Pelzsendung betrifft, die Ihr mir geschickt habt, so habe ich 2000 Stück gezählt. Es sollten Luchspelze sein, aber das ist eine viel schlechtere Ware. Schreibt mir, wie es sich damit verhält!

Dollinger, Die Hanse, a. a. O., S. 568 ff.

[1] Bruder des Hildebrand in Köln und Teilhaber der Handelsgesellschaft

Die großen süddeutschen Handelshäuser

Die Aktivitäten der großen süddeutschen Gesellschaften, insbesondere der Fugger und Welser, spielten sich in einem unternehmerischen Rahmen ab, der weit über die mittelalterliche Stadtwirtschaft hinausging. Diese Firmen, die in wirtschaftlicher Hinsicht die Neuzeit einleiteten, können im Rahmen der vorliegenden Materialsammlung zur mittelalterlichen Stadt nur kurz vorgestellt werden.

Die **Fugger** erreichten mit Jakob II. (gest. 1525) durch den Erwerb von Bergwerken in Tirol, Kärnten, Ungarn und Spanien ein Kupfermonopol in Europa und entwickelten sich auch zum größten europäischen Bankhaus der damaligen Zeit. Große Verluste erlitten die Fugger durch die Konkurse ihrer habsburgischen Schuldner.

Die **Welser** hatten sich mehr dem Levantehandel und dem Überseehandel zugewandt. Anfang des 17. Jahrhunderts wurden sie ein Opfer der zahlreichen europäischen Staatsbankrotte.

An den Wahlkosten für Karl V. in Höhe von 851 000 Gulden waren die Fugger mit 543 000 fl., die Welser mit 143 000 fl., Genueser und Florentiner Kaufleute mit 165 000 fl. beteiligt.

78 **Kupferhandel.** Vertrag der Augsburger Firmen Fugger, Gossembrot, Herwart und der Baumgartner zu Kufstein über die Bildung eines Syndikats für den Kupferhandel nach Venedig, 1498:

Sigmund Gossembrot, Ulrich Fugger, Jorg Herwart, jeder für sich, seine Gesellschaft und Brüder, die ausstehende Summe Schwazer Kupfer, die ihnen die Gesellschaft Baumgartners noch überantworten soll, herrührend von wegen der K. M.[1], welche Summe bringt etwa 960 Meiler Kupfer, sollen die obengenannten zusammenlegen. Weiter sollen Hans Baumgartner und Hans Knoll und ihre Gesellschaft oder Partner[2] 800 Meiler Schwazer Kupfer hinzulegen. Auch sollen Ulrich Fugger und Gebrüder 800 Meiler ... Kupfer aus Ungarn hinzulegen, das an Güte dem Schwazer Kupfer gleich oder nicht schlechter sein soll ... und man ist einhellig einig geworden, daß solche drei Summen Kupfer, das zusammen in einer Summe 2560 Meiler bringt, allein durch eine Hand in Venedig verkauft werden sollen, nämlich durch Ulrich Fugger und Gebrüder ... Es sollen auch die genannten Gossembrot, Baumgartner und Knoll, Herwart und Fugger, jeder zusammen mit seiner Gesellschaft sowie Brüdern und Partnern kein Kupfer außerhalb dieses Vertrages in Venedig verkaufen ... Es ist beschlossen worden ... einen Meiler gegen Bargeld zu 43 Dukaten, gegen Zahlung in einem halben Jahr zu 46 Dukaten und auf ein ganzes Jahr Kredit zu 47 Dukaten zu geben ...

Übersetzt nach: Quellen zur Wirtschafts- und Sozialgeschichte mittel- und oberdeutscher Städte im Spätmittelalter, a. a. O., S. 389—391.

[1] Über Maximilian I. (K.M. = Königliche Majestät) hatte Jakob Fugger 1496 zusammen mit Herwart und Gossembrot einen großen Schwazer Kupferkauf getätigt. Davon waren noch 960 Meiler (= 9600 Zentner) übriggeblieben.

[2] Der Tiroler Kupferhandel wurde damals noch weitgehend von dieser Kufsteiner Firma beherrscht. Schwaz (Tirol) war der Hauptort des Kupferabbaus.

Ostindienfahrt. Bericht aus Wilhelm Rems „Chronik alter und neuer Geschichten“ über die Beteiligung der Welser und anderer Augsburger und Nürnberger Firmen an der großen Ostindienfahrt von 1505–1506: **79**

Wie der kunig von Portigall etlich schiff gen Kalacut [1] schickt und ließ etlich Teutsch und Walchen (Welsche: v. a. Franzosen und Italiener) ach (auch) dahin schiffen.

1505 a die 25. marzo da hatt der kunig von Portigall zu Lisabona außgesant gen Kalacut 19 schiff. Mit den selbigen haben etliche teutsch und walchen kaufleutt 3 schiff mitgesant auff ir kostung, darauff haben sie kauffmanschaft geladen und par gelt, das sie mitgesant haben spetzerei zu kaffen, und das in sunst darauff gangen ist auff die 3 schiff, tut als in somm 65 400 crusadi (Dukaten), das ist so vil duc.; von diser somm hatt den Walchen, das send Florentiner und Jenoeser gewesen, zugehert duc. 29 400, so hatt den Teutschen zugehört in somm duc. 36 000.

Wer die Teutschen gewesen send, und wie vil jettliche (jede) geselschaft darauff gehabt hatt, statt hernach geschriben:

Der Welser und Fechlin von Augsburg und Memmingen compagnia	duc. 20 000
der Fugger von Augspurg compagnia	duc. 4 000
der Hechstetter von Augspurg compagnia	duc. 4 000
der Gossenpröttischen von Augspurg compagnia	duc. 3 000
der Imhof von Nierenberg compagnia	duc. 3 000
der Hirßfogel von Nierenberg compagnia	duc. 2 000
Somm	duc. 36 000

Item als die schiff gen Kalacut oder India komen send, da haben sie ir war oder kafmanschaft zu gelt gemacht und haben ir gelt angelegt an pfeffer und ander spetzerei, das haben sie herauß gefiert. Und im 1506. jar a die 22. marzo send die obgeschriben 3 schiff wider gen Lisabona komen; also hatt der kunig von Portigall anfangs vir sein gerechtigkait von aller spetzerei den vierten tail genomen, darnach hatt er den zwaintzigisten tail auch von allem genomen, das selb hatt er in ain kloster geben [2], darnach hatt er erst über 3 und etlichs über vier jar den kaffleutten ir spetzerei geantwort, nachdem die schiff komen send.

Ich hab von ainem glabhaftigen gehert, der auch tail daran gehabt hatt, daß sie 175 pro cent gewunnen haben, das ist also zu verstan, daß sie an 100 duc. alweg 175 duc. über alle kostung gewunen haben [3].

Quellen zur Wirtschafts- und Sozialgeschichte mittel- und oberdeutscher Städte im Spätmittelalter, a. a. O., S. 399, 401.

[1] Calicut an der Malabarküste war damals der bedeutendste Hafen Ostindiens.

[2] Insgesamt mußten also 30 % der eingeführten Gewürze – teils an den König, teils an das bei Lissabon gelegene Kloster Belém – abgeführt werden.

[3] Lukas Rem, der 1504 den entscheidenden Vertrag über die Beteiligung der Welser zustande gebracht hatte, in Lissabon auch die Ausrüstung der drei Schiffe und später die mühselige Abwicklung des Geschäftes mit ihrer Rückfracht hauptsächlich zu besorgen hatte, errechnet den Gewinn auf immerhin 150 %.

Die Große Ravensburger Handelsgesellschaft

Die Große Ravensburger Handelsgesellschaft bestand vom Ende des 14. Jahrhunderts bis 1530. Sie umfaßte in ihrer Blütezeit um 1440 etwa 70 bis 80 Gesellschafter. Das Warensortiment war sehr breit, Geldgeschäfte wurden allerdings nicht betrieben.

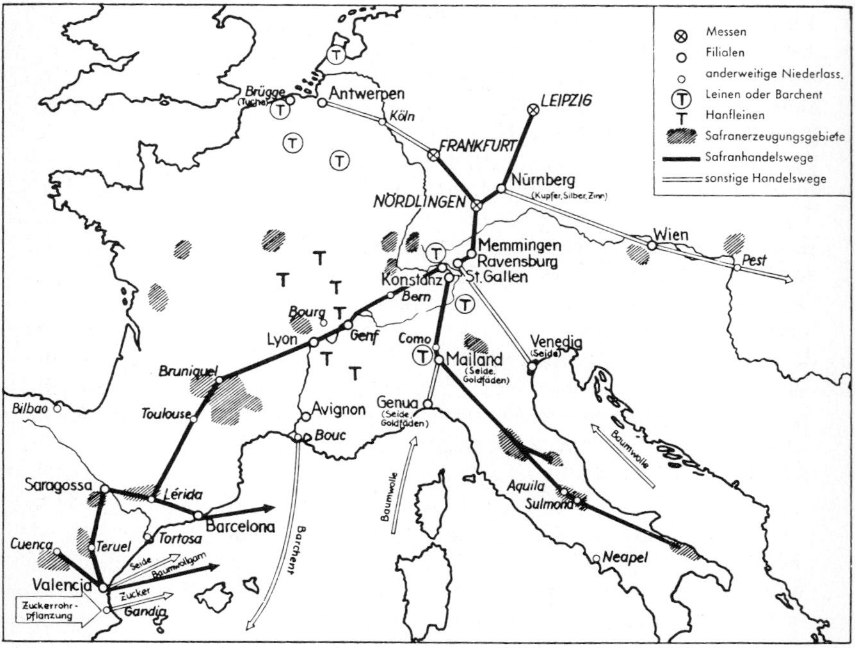

Abb. 38: Hauptaktivitäten der Großen Ravensburger Handelsgesellschaft.

Veränderte Wirtschaftsgesinnung

80 **In der „Reformatio Sigismunde" von 1439 heißt es unter dem Titel „Von mancherlei Gewerbe":**

Es ist auch zu wissen, daß etwas Schlimmes in den Städten und auch auf dem Lande aufgekommen ist: Es will jederman Gewerbe treiben, mehr als ihm zusteht. Einer ist ein Weinmann und hält Salz feil und Tücher; einer ist ein Schneider und ein Tuchmann; einer ist ein Schuhmacher und gerbt dazu; man sehe sich alle Handwerke an! Wer mit einem Gewerbe zurecht kommt, der betreibt es; man sieht in manchen Städten, daß vier oder fünf so viel Gewerbe betreiben, daß zwanzig damit auskommen sollten. Wollt Ihr hören, was Kaiserrecht bedeutet?

Und unsere Vorfahren sind keine Narren gewesen. Handwerke sind deshalb erdacht, daß jederman sein täglich Brot damit gewinnen und tätig sein soll, und niemand soll dem andern in sein Handwerk greifen ...
Ebenso ist auch zu wissen, wenn Kaufherren fahren übers Meer nach Venedig oder wo sie sonst hin fahren, die wissen wohl, zu welcher Zeit sie losfahren sollen; sie betreiben ihren Handel mit großer List, wie ich Euch kundtun will. Wenn die Kaufherren zusammen kommen, wo es auch sei, so verständigen sie sich untereinander, seien es güldene Tücher oder sonst was Kostbares oder Gewürze, sei es Ingwer oder welcherlei Gewürz es sei, keines ausgenommen, und machen einen Kaufpreis, der zu erreichen ist, und einigen sich untereinander darauf, so daß jemand in Wien weiß, wie der Handel hier in Basel oder in Straßburg geht und ebenso auch umgekehrt; und meint nun jemand, es sei teuer, so sagen sie, es sei übel auf dem Meer zugegangen, und beteuern es, und nehmen wider Recht so viel Gewinn wie nur möglich ...
Es sind auch entstanden große Gesellschaften, die sich zusammen tun und Handel treiben; es geh ihnen wohl oder übel – sie schieben danach, daß sie nichts verlieren; sie verlieren nichts; sie treiben allerlei List und Betrug, der Städten und Ländern übel bekommt. Man soll dagegen sein, daß irgendwo solche Gesellschaften gefunden werden, weder von Edlen noch von Bürgern; wo sie aber gefunden werden, sie oder ihre Boten, so gebieten wir bei des Reiches Huld und geben jederman die Erlaubnis, sie nieder zu werfen und sie mit voller Erlaubnis zu berauben, ihnen das ihrige zu nehmen, was man ergreifen kann, bis sie zerstört sind; man soll sich davor in acht nehmen, denn sie tun allen Ländern weh. Wer sein Gewerbe führen will, der nehme sich eines vor und lasse die andern alle fallen; so kann sich jederman ernähren, das ist auch fromm.

Übersetzt nach: Quellen zur Wirtschafts- und Sozialgeschichte mittel- und oberdeutscher Städte im Spätmittelalter, a. a. O., S. 299 f.

5. Geld- und Zahlungssystem

Das Geldwesen hat sich in Deutschland relativ spät ausgebreitet. Das war dadurch bedingt, daß die agrarische Welt mit ihren Fronhöfen und Hörigen dominierte und ein Geldbedarf erst mit dem Aufkommen der Städte und ihrer Märkte in nennenswertem Maße auftrat. Der Wert der Münzen entsprach zunächst noch annähernd dem Wert des ausgemünzten Edelmetalls. Dieses Zahlungsmittel wurde jedoch problematisch, als die Edelmetallmenge nicht im gleichen Maße wuchs wie das Handelsvolumen. Für andere Zahlungs- und Verrechnungsweisen, etwa die bargeldlose Zahlung, fehlten noch die Voraussetzungen, oder sie fanden, wie der Wechsel, erst spät und zögernd Anwendung. Zu diesem gewissermaßen naturbedingten Grund der Münzverschlechterung kam ein fiskalisches Interesse der Münzherren, durch

Münzverrufungen (Umtausch alter gegen minderwertige neue Münzen) eigene Haushaltslücken zu finanzieren.
Das Ausmaß der Münzverschlechterung läßt sich am Gewicht der Münzen gut veranschaulichen: Der Reichspfennig hatte im 11. Jahrhundert ein Gewicht von 1,0 bis 1,3 Gramm Silber, im 13. Jahrhundert 0,5 Gramm; der Lübecker Pfennig enthielt um 1400 0,23 Gramm Silber und um 1500 0,1 Gramm. Der Rheinische Gulden sank von 1400 bis 1500 von 3,4 Gramm Gold auf 2,6 Gramm. Als Münzfuß (Zähleinheit) war verbreitet: 1 Pfund = 20 Schillinge; 1 Mark = 16 Schillinge; 1 Schilling = 12 Denare/Pfennige.
Die Folge der regional auch wiederum unterschiedlichen Münzverschlechterungen waren mehr oder weniger rapide Preisverschiebungen, häufig wechselnde Umrechnungskurse in andere Währungen und, bedingt durch Geldmangel, lange Zahlungsfristen.

81 **Münzrecht.** Die zahlreichen Münzrechtsverleihungen waren mit der Absicht verbunden, die Finanzlage der Stadtherren aufzubessern. Das Beharren der einzelnen Städte auf ihrem Münzmonopol erwies sich jedoch als sehr handelshemmend (vgl. Q. 50).

König Heinrich VII. zum Münzrecht der Stadtherren, 1231:

Heinrich, von Gottes Gnaden Römischer König und allzeit Mehrer des Reiches, entbietet den Edlen, Dienstmannen, Städten, Märkten, Burgen, Dörfern und allen Getreuen des Reiches seine Huld und alles Gute.
Recht häufig wurde vor Unserem Herrn und Vater, dem hochehrwürdigen Römischen Kaiser, sowie vor Uns durch Rechtsspruch festgestellt, daß in den Städten und den anderen Orten, wo es üblicherweise eine eigene und rechtmäßige Münze gibt, niemand irgendwelchen Markt abhalten soll mit Silber, sondern nur mit den Pfennigen von deren eigener Münze. Das Umtauschen, das man gemeinhin „Wechseln" nennt, soll weder der Händler noch sonst einer der Kaufleute vornehmen, sondern nur der Münzer selbst oder derjenige, dem der Herr es aus besonderer Gnade gestattet. Außerdem sollen sich die Pfennige einer Münze durch so deutliche Kennzeichen und die Unterschiedlichkeit der Bilder von den Pfennigen einer anderen Münze unterscheiden, daß man sofort auf den ersten Blick und ohne irgendwelche Schwierigkeiten deren Bedeutung und Wertunterschied untereinander feststellen kann. Ferner: wenn jemand mit falschen Pfennigen ertappt wird, soll er die Strafe für Münzfälscher erleiden; und es soll ihm nichts nützen, wenn er sagt, er habe sie auf einem öffentlichen und allgemeinen Markt erhalten.

Quellen zur deutschen Verfassungs-, Wirtschafts- und Sozialgeschichte bis 1250, a. a. O,. S. 421.

82 **Wirtschaftspolitik der Landesherren.** Niederlassungsbrief des Erzbischofs für Lombarden in Trier, 1262:

Heinrich, von Gottes Gnaden Erwählter von Trier, allen, die diese Urkunde einsehen oder lesen hören, Heil im Herrn. Ihr mögt allesamt wissen, daß Wir als Unsere geliebten Bürger die Lombarden Manuel de Troya und seinen Neffen Reyner, Ogerus Carena und seinen Neffen Rufinus, ihre Familien[1] und ihr gesamtes Hab und Gut getreulich in Unsern Schutz und Unser Geleit genommen haben, so daß sie in Unserm ganzen Land und Herrschaftsgebiet sollen verweilen, kommen und gehen können und vor allem in Unserer Stadt Trier bleiben und sich aufhalten können wie Unsere wahren eigenen Bürger; Wir geben ihnen und einem jeden aus ihrer Familie volle Freiheit, von nun an bis zum nächsten Tag des heiligen Johannes des Täufers und von da an die zehn folgenden Jahre nach ihrem Willen in dieser Unserer Stadt Trier zu bleiben, zu wohnen und sich dort häuslich niederzulassen. Wir erlauben auch und lassen zu, daß sie in dieser Stadt und Niederlassung aus ihrem Vermögen und ihrem Geld Nutzen ziehen und damit nach ihrem Wunsch und Wohlgefallen Geschäfte machen können. Auch werden Wir – das versprechen Wir aufrichtig – sie nicht wegen ihres Geldhandels und Geschäftes irgendwie bestrafen, werden sie keineswegs dafür zur Verantwortung ziehen, daß sie ihr Geschäft mit weniger Recht betrieben haben, und werden keinerlei Klage gegen sie vorbringen, durch die sie an ihrem Besitz oder ihrer Person irgendwie geschädigt oder beschwert werden könnten; lieber überlassen Wir sie in diesem Punkt ihrem Gewissen . . .

Desgleichen versprechen Wir ihnen, daß Wir gegen ihren Willen kein Darlehen von ihnen fordern noch nehmen werden, weder selbst noch vermittels eines Dritten. Wir erlauben den vorgenannten Bürgern auch, mit ihrer Familie über die oben bestimmte Zeit von zehn Jahren hinaus frei in Unserer Stadt und Diözese Trier wie Unsere anderen Trierer Bürger zu bleiben und zu wohnen, soweit es ihnen gefällt . . .

Ebenso sichern Wir den genannten Bürgern zu, daß Wir keinesfalls ihnen zum Nachteil irgendeinem oder irgendwelchen anderen Lombarden oder Kawertschen[2] Aufenthalt und Bleibe in dieser Stadt gewähren werden, . . . Und Wir versprechen den oben genannten Bürgern, dies alles und im einzelnen unverbrüchlich einzuhalten und nie dagegen anzugehen.

Auch ist zu wissen, daß Uns besagte Bürger als Entgelt dafür, daß diese Abmachungen ihnen gegenüber fest eingehalten werden, von heute bis zum nächst kommenden Tag des heiligen Johannes des Täufers und für die sechs darauf folgenden Jahre (im voraus) angemessen bezahlt haben und daß Wir, bis diese sechs Jahre abgelaufen sind, nichts von ihnen verlangen können noch dürfen. Dann aber werden von ihren zehn Jahren nur noch vier Jahre übrig sein. Das bedeutet, daß sie Uns in jedem der vier Jahre am St.-Johannes-Tag 20 Pfund Trierer (Pfennige) werden entrichten müssen.

Quellen zur Wirtschafts- und Sozialgeschichte mittel- und oberdeutscher Städte im Spätmittelalter, a. a. O., S. 57, 59, 61.

[1] Geldleiher aus Italien
[2] Wechsler aus Cahors (Südfrankreich)

83 **Münzverfall.** Aus dem Bericht des Chronisten Burkard Zink über die Münzkrise in Bayern und Österreich 1458–1460 und ihre Auswirkungen auf Augsburg:

Ferner, als man zählte nach Christi, unseres lieben Herrn, Geburt 1459 Jahre, da einigten sich die Herren von Bayern, nämlich Herzog Ludwig von Landshut, Herzog Albrecht und sein Sohn, Herzog Hans, und Herzog Siegmund von München miteinander wegen der Münze, weil es im Münzwesen große Verwirrung gab, wie anschließend dargestellt.
Also ließen die Herren eine gemeinsame Münze schlagen, nachdem die Öttinger[1] verboten waren, und ließen schlagen 7 Schillinge für 1 Pfund, das zu je 30 Pfennige für 1 Schilling. Und man muß wissen, als die Öttinger schließlich verboten waren – die waren sehr schlecht und hatten kaum Silber in sich –, da, sagt man, hätte man jene schlechten Öttinger ungeprägt – so daß also noch keine Prägung darauf geschlagen war – in vollen Fässern nach München in die Münze gebracht und Münchener Pfennige darauf geschlagen. Und es wurde dermaßen viel von jener schlechten Münze geschlagen, daß man sehr bald nur 8 Schillinge für 1 Pfund gab. Und die Münze wurde je länger je schlechter, und man münzte auch je länger je mehr und eifriger, und man gab 12 Schillinge für 1 Pfund. Auch unser Herr, der Kaiser, schlug dieselbe Münze in gleicher Weise. Und es gab von den Münzen so viel überall im Land, daß sie niemand gern nehmen wollte; und vielerorts konnte man weder Brot, noch Wein, noch andere Eßwaren zu kaufen finden. Arme Leute konnten schier verhungern. Wenn ein armer Mann einen ganzen Tag arbeitet für 10 oder 12 Pfennige, so kann er nicht Brot im Wert von einem einzigen Pfennig dafür kaufen . . .
(In Österreich war diese schlechte Münze, die ja auch vom Kaiser geprägt wurde, offizielles Zahlungsmittel – „die müntz was werung, darumb muest man sie nemen in Österreich") . . .
Ferner muß man wissen, daß die Kaufleute aus Augsburg, die damals in Wien waren, . . . sich alles, was man ihnen schuldete, bezahlen lassen mußten mit dieser Münze. Also kauften sie eitel guten Osterwein für das Geld und brachten 50 große Fässer her nach Augsburg, von denen einige 22 Eimer faßten, die meisten Fässer faßten an die 17 und 18 Eimer. Und sie kauften etliche Rosse in Wien, die brachten sie auch her, und so ließen sie jene Pfennige alle in Österreich und brachten Wein und andere Dinge, daraus sie gute Pfennige erzielen konnten.

Übersetzt nach: Quellen zur Wirtschafts- und Sozialgeschichte mittel- und oberdeutscher Städte im Spätmittelalter, a. a. O., S. 328 f.

[1] Schwarzpfennige des Grafen Ulrich von Öttingen-Flochberg. Mit ihrer massenweisen Ausmünzung war 1457 die allgemeine Münzverschlechterung eingeleitet worden.

V. Städte des Reiches und Städte der Territorien

1. Städte als Reichsstände und Landstände

Städte waren entweder dem Reich unmittelbar zugeordnet – dann waren es „Reichsstädte" –, oder sie waren Teil eines Territoriums und unterstanden damit als „landesherrliche Städte" einem weltlichen oder geistlichen Landesherrn. Dementsprechend mußten bzw. durften sie entweder auf dem Reichstag oder einem Landtag erscheinen und waren entweder dem König oder einem der Reichsfürsten zu Rat und Hilfe verpflichtet. Manchen Städten, wie Braunschweig und Hamburg, gelang es auch, sich dadurch ihrem Territorialherrn zu entziehen, daß sie wie eine Reichsstadt an Reichstagen teilnahmen und sich damit unter die vorteilhaftere Hoheit des Königs begaben.
Die Entwicklung einer Stadt hing neben ihrem militärischen und wirtschaftlichen Potential auch von dem politischen Spielraum ab, den sie gegenüber anderen behaupten konnte. Dieser politische Spielraum wurde wichtig, sobald sich eine Stadt aus dem Schutz und der Förderung ihres Stadtherrn herausentwickelte und sich in der unmittelbaren Nachbarschaft zumeist mächtigerer Territorialherren behaupten mußte. War eine Stadt landständisch, dann galt es, sich mit den Forderungen ihres Landesherrn zu arrangieren. Eine Reichsstadt dagegen war formal gleichrangig mit den anderen Reichsständen, stand dessenungeachtet aber zumeist in Konkurrenz mit den angrenzenden Territorialherren. Konkret ging es bei diesen Rivalitäten immer wieder um Leute, die der Landesherr für sich reklamierte, die sich selber aber lieber einer Stadt zurechneten, auch wenn sie dort nicht ihren festen Wohnsitz hatten. Beim Streit um diese „Pfahlbürger" hatten die Kaiser als Reichsregierung zu vermitteln. Diese begünstigten in Einzelsprüchen und Reichslandfriedensbestimmungen aber deutlich die Fürsten; eine starke Einengung der Entwicklungsmöglichkeiten der eigenen (!) Städte war der Vertrag mit den geistlichen Fürsten (Confoederatio cum principibus ecclesiasticis, 1200) und das Gesetz zugunsten der Landesherren (Statutum in favorem principum, 1232). (Vgl. Q. 43.)

Entscheidung über die Zugehörigkeit der Bürger von Speyer, 1267. **84**

Philipp der Ältere von Falkenstein, kaiserlicher Hofkämmerer. Durch gegenwärtiges Schriftstück soll nach Unserm Willen bekannt sein und bekennen Wir öffentlich, daß die Bürger von Speyer dem Reich beigeordnet sind, so daß sie für den Herrn Bischof von Speyer in keinem Falle mit Beschlag belegt werden können. Dieses ist allen bekannt und offensichtlich. Zum Zeugnis dieses Vorgangs haben Wir diese Urkunde gegeben, versehen mit der Bestätigung Unseres Siegels.
Gegeben im Jahre des Herrn 1267, zu Königstein, am Tage Allerheiligen.

Quellen zur Verfassungsgeschichte des Römisch-Deutschen Reiches im Spätmittelalter (1250—1500), a. a. O., S. 81.

85 **Pflichten der Reichsstädte.** Die Pflichten der Reichsstädte gegenüber dem Reich bestanden vor allem in Steuerzahlungen, einer Beteiligung am Reichsheer und dem Besuch der Reichstage.
Beispiele für die Beteiligung von Reichsstädten im Vergleich zu anderen Reichsständen am Reichsheer von 1422:

a) Erzbischof von Mainz 50 Gleven (Kampfeinheit von Ritter mit zugehörigen Waffen, Knechten, Kampf- und Tragpferden), Erzbischöfe von Köln und Trier je 40 Gleven, Bischof von Straßburg 5 Gleven, Bischof von Speyer 8 Gleven, Bischof von Metz 6 Gleven, Bischöfe von Basel, Augsburg und Worms je 2 Gleven; der Graf von Hohenlohe 2 Gleven, die Grafen von Württemberg 20 Gleven; die Städte: Schwäbisch-Hall 12 Gleven und 12 Schützen, Basel 16 Gleven, Straßburg 20 Gleven, Metz 20 Gleven, Trier 4 Gleven, Speyer, Worms und Mainz zusammen 24 Gleven, Köln und Aachen zusammen 30 Gleven, Frankfurt 15 Gleven, Nürnberg 30 Gleven, Regensburg 15 Gleven und 15 Schützen, Rothenburg 12 Gleven und 12 Schützen, Lübeck 30 Gleven und 30 Schützen, Hamburg 20 Gleven und 20 Schützen, Goslar 10 Gleven und 6 Schützen, Gelnhausen 3 Gleven, Dortmund 6 Gleven, die Eidgenossen von Bern, Luzern, Zürich etc. zusammen 250 Pferde.

Quellen zur Verfassungsgeschichte des Römisch-Deutschen Reiches, a. a. O., S. 460—463.

b) Bei dem Reichsheer, das für 1489 mit insgesamt 1255 Mann zu Roß und 4893 zu Fuß veranschlagt worden war, hatten die 74 Frei- und Reichsstädte einen Anteil von 298 bzw. 971 Mann.

Zusammengefaßt nach: Deutsche Reichstagsakten, Mittlere Reihe, 3. Bd., hg. durch die Historische Kommission bei der Bayerischen Akademie der Wissenschaften, Deutsche Reichstagsakten unter Maximilian I., 3. Bd., 1488—1490, 2. Halbbd., bearbeitet von Ernst Bock, Göttingen 1973, S. 1180—1194, 1232 ff.

86 **Pflichten einer landesherrlichen Stadt.** Bericht des Chemnitzer Rates von 1474 an die Herzöge Ernst und Albrecht von Sachsen über die Kriegsstärke, die Zahl der Angesessenen und den Besitzstand der Stadt sowie die sich daraus ergebenden Möglichkeiten zur Unterstützung ihrer Stadtherren:

Erlauchte hochgeborene Fürsten. Euren fürstlichen Gnaden unseren untertänigen schuldigen Dienst allzeit zuvor bereit. Gnädige, liebe Herren. Euer Gnaden gerade an uns gesandtes Schreiben, darin Eure Gnaden von uns begehren, Euren Gnaden zu eröffnen und erkennen zu geben, wie stark wir Euren Gnaden diesmal folgen wollen mit Reisigen, Wagen, Fußknechten und Büchsen; auch fordern Eure Gnaden Verzeichnisse zu schicken, wie viel Angesessene in Eurer Stadt sind, auch was wir an eigenen Dörfern und angesessenen Leuten außerhalb der Stadt haben, wie viel Hufner und Gärtner unter ihnen sind, und wie viel Hufen an bearbeitetem und wüstem Acker wir haben, und was wir jährlich über unse-

ren Aufwand hinaus genießen können, desgleichen was die Pfarrer, Klöster, Altäre und insbesondere die Bürger haben ...
Und Eure Gnaden bitten wir demütig zu wissen, ... daß wir Euren Gnaden gefolgt sind mit 4 Reisigen, 10 Wagen, 3 Steinbüchsen und so viel Trabanten und Fußknechten, so viel dazu erforderlich waren ... Außerdem bitten wir Eure Gnaden zu wissen, daß in Eurer Stadt an Ansässigen, reich und arm, in kleinen und großen Häusern, 329 und vor der Stadt 132 sind, das sind alles ganz arme Leute ... Auch haben wir nichts an Dörfen, Vorwerken oder einträglichem Landbesitz, sondern wir helfen uns untereinander mit unseren Handwerken so gut wir können ...

Übersetzt aus: Quellen zur Wirtschafts- und Sozialgeschichte mittel- und oberdeutscher Städte im Spätmittelalter, a. a. O., S. 351—353.

Städtische Landgebiete und Territorien. Reichsstädte wie auch landesherrliche Städte waren darum bemüht, sich durch den Erwerb wichtiger Herrschaftsrechte (Grundherrschaft, Vogtei, Nieder- und Hochgericht) ein eigenes Landgebiet zu schaffen. Dabei gelang den Reichsstädten mitunter eine ganz beachtliche Territoriumsbildung. Landesherrliche Städte waren insbesondere dadurch behindert, daß sie nur landständisch waren, d. h. als Landstand auf den Landtagen eines Reichsfürsten erscheinen mußten und diesem zu Rat und Hilfe verpflichtet waren. Ein Territorium innerhalb eines Territoriums zu bilden, hätte wegen der Verlagerung der Herrschaftsrechte eine Lösung der landesherrlichen Bindung bedeutet.

2. Politische Zusammenschlüsse von Städten

Hanse und Rheinischer Bund sind die bekanntesten mittelalterlichen Städtebünde. Während die Hanse (Kap. IV. 4.) hauptsächlich auf wirtschaftliche Ziele ausgerichtet war und nur schwache organisatorische Strukturen aufwies, verfolgte der Rheinische Bund als straff geführter Verband politische Ziele – bis zur Mitgestaltung einer Reichsreform. Der Rheinische Bund wurde 1254 gegründet, zerbrach aber bereits 1257 an der uneinheitlichen Haltung seiner Mitglieder bei der Doppelwahl nach dem Tode König Wilhelms (28. 1. 1256), bei der ein Teil der Kurfürsten unter Führung des Kölner Erzbischofs Richard von Cornwall zum König gewählt hatte. Der andere Teil der Kurfürsten wählte unter Führung des Erzbischofs von Trier – beide Erzbischöfe waren Mitglieder des Rheinischen Bundes! – Alfons von Kastilien zum König.

Aus den Akten des Rheinischen Bundes **87**

a) Mainzer Städtetag, 13. 7. 1254:

(1) Da die Gefahren in den Landen und Verbrechen auf den Straßen im langen Verlauf der Zeit schon manchen von unseren Leuten gänzlich vernichtet und viele gute und ehrbare Leute zugrunde gerichtet haben, so daß Unschuldige ohne rechtliche Erkenntnis bedrückt werden, war es an-

gebracht, um derartigen Unwettern und Stürmen zu begegnen, ein Mittel aufzuspüren und zu untersuchen, durch das zumindest unsere Grenzen und Gebiete unter Ausschluß einer Rechtsüberschreitung auf den Pfad des Friedens zurückgerufen werden könnten. (2) So kommt es, daß wir durch den Wortlaut des gegenwärtigen Schriftstücks allen bekannt machen wollen: Mit Hilfe des Herrn Jesus Christus – Urheber und Freund des Friedens, durch den es den Anfang und Weg zu jeglichem Guten gibt – sind wir zur Pflege des Friedens und zur Beachtung der Gerechtigkeit über folgende Abmachung übereingekommen (wobei wir uns durch Eidesleistung untereinander binden vom jetzt bevorstehenden Festtag der heiligen Margarete auf zehn Jahre); also im Jahre des Herrn 1254 haben wir geschworen, den allgemeinen Landfrieden zu halten.
Diesen Frieden nun haben die hochwürdigen Väter und Herren, die Erzbischöfe Gerhard von Mainz, Konrad von Köln, Arnold von Trier, die Bischöfe Richard von Worms, Heinrich von Straßburg, Jakob von Metz, Berthold von Basel, sowie viele Grafen und Edle des Landes mit uns beschworen, und sie haben dabei ihre ungerechten Zölle, genau so wie wir auch, sowohl zu Lande wie zu Wasser gütig und freigebig aufgehoben.

b) Landfriede des Wormser Städtetages, 6. 10. 1254:

(2) Ferner haben wir beschlossen: Keinem Herrn, der sich dem von uns beschworenen Frieden widersetzt, dürfen von keiner Stadt und keinem mit uns verschworenen Herrn etwa irgendwelche Lebensmittel, Waffen oder irgendwelche Hilfsmittel zur Verfügung gestellt werden, weder von Christen noch von Juden. (3) Ferner soll in unseren Städten denen nichts geborgt oder als Darlehen gewährt werden, die gegen den Frieden und gegen uns sind. (4) Ferner haben wir beschlossen: Es soll kein Bürger in irgendeiner Stadt freundschaftlichen Verkehr mit diesen haben und ihnen etwa Rat, Hilfe oder irgendeine Unterstützung gewähren; ...
(18) Ferner haben wir beschlossen: Jede Stadt soll von allen nahegelegenen und benachbarten Städten, die den Frieden noch nicht beschworen haben, fordern und verlangen, daß sie den Frieden beschwören; wenn diese sich weigern, das zu tun, sollen sie gänzlich vom Frieden getrennt und ausgeschlossen sein, so daß niemand an ihren Personen und ihrer Habe den Frieden verletzt oder verwirrt, falls er etwas gegen sie unternimmt. (19) Ferner wollen wir: Alle Eidgenossen, Herren wie Städte und andere, sollen sich so angemessen und ehrenvoll mit Waffen rüsten, daß wir sie, wenn wir sie nötig haben und sie deswegen angefordert werden, zu jeder Stunde gerüstet finden. (20) Ferner haben wir beschlossen: Die Städte von der Mosel bis nach Basel sollen 100 Kriegsschiffe, und die Städte rheinabwärts 500 Kriegsschiffe rüsten, in gutem Stande, ausgestattet mit Bogenschützen; und jede Stadt soll sich nach Kräften angemessen und mächtig mit Waffen, Reitern und Fußvolk rüsten.

c) Mainzer Tagung, 29. 6. 1255:

(2) Ferner haben wir solche Bürger gänzlich und völlig abgeschafft, die „Pfahlbürger“ heißen, so daß künftig keine Stadt solche hat oder aufnimmt. Jene aber, die wir aufgenommen haben oder aufnehmen werden, sollen bei uns wohnen mit ihren Frauen und ihrem Gesinde alltäglich das ganze Jahr, ausgenommen jedoch, daß sie in den Erntezeiten zusammen mit ihren Frauen aufs Land hinausgehen, um die Ernte einzubringen ...

d) Beschlüsse des Rheinischen Bundes zur Reichseinheit, 17. 3. 1256:

(2) Und weil jetzt das Reich verwaist ist und wir keinen Herrn und König haben, wollen wir, solange das Reich verwaist ist, alle Güter des Reiches mit allen Kräften – so als wären es unsere eigenen Güter – verteidigen, schützen und schirmen. (3) Wir haben auch unsere hohen Abgesandten zu den Fürsten geschickt, denen die Königswahl zusteht, und sie eindringlich ersucht, sie möchten geruhen, zum Wohle des ganzen Vaterlandes sich auf eine Person zu einigen, damit nicht aufgrund ihrer Zwietracht die Sache des heiligen Friedens Schaden nehme.
(11) Es gefällt uns auch und ist uns genehm, daß sich die Edlen und Herren des Landes frei ihrer Rechte erfreuen, wie sie ihnen zustehen.

Quellen zur Verfassungsgeschichte des Römisch-deutschen Reiches im Spätmittelalter (1250—1500), a. a. O., S. 13, 17, 21, 23, 39, 41.

Literaturhinweise

Handbuch der deutschen Wirtschafts- und Sozialgeschichte, Hg. Hermann Aubin und Wolfgang Zorn, Bd. 1: Von der Frühzeit bis zum Ende des 18. Jahrhunderts, Stuttgart 1971 (allgemein, umfassend, zur Unterrichtsvorbereitung)

Hartmut Boockmann, Die Stadt im späten Mittelalter, München 1986 (ausführliches Bildmaterial)

Otto Brunner, Sozialgeschichte Europas im Mittelalter, Göttingen 1978 (knapp zusammengefaßte, richtungweisende Gedanken zu Bürgertum und Wirtschaft)

Philippe Dollinger, Die Hanse, Stuttgart ^{4}1989 (ausführlich, grundlegend)

Edith Ennen, Die europäische Stadt des Mittelalters, Göttingen, ^{3}1979 (gut als Ergänzung zu Planitz)

Edith Ennen, Frauen im Mittelalter, München 1987 (aktuelle, zeitgemäße Abhandlung)

Lübeckische Geschichte, Hg. Antjekathrin Graßmann, Lübeck 1988 (sehr ausführliche, vielseitige Beiträge)

Karl Gruber, Die Gestalt der deutschen Stadt, München ^{3}1977 (Stadtarchitektur)

Die Stadt des Mittelalters, Hg. Carl Haase, 1. Bd.: Begriff, Entstehung und Ausbreitung, Darmstadt 1978; 2. Bd.: Recht und Verfassung, Darmstadt 1976; 3. Bd.: Wirtschaft und Gesellschaft, Darmstadt 1984 (Aufsätze, Grundlagen der Forschung)

Handbuch der historischen Stätten Deutschlands, Stuttgart 1958 ff. (ergiebig zur Ermittlung vergleichbarer Stadttypen und Daten)

Friedrich-Wilhelm Henning, Das vorindustrielle Deutschland 800 bis 1800, Paderborn 1976 (knapp, übersichtliches Repetitorium)

Eberhard Isenmann, Die deutsche Stadt im Spätmittelalter, Stuttgart 1988 (thematisch umfassend angelegt; für ergänzende Referate geeignet)

Hermann Kellenbenz, Deutsche Wirtschaftsgeschichte, Bd. 1: Von den Anfängen bis zum Ende des 18. Jahrhunderts, München 1977 (leicht verständliche Darstellung, für Schülerreferate geeignet)

Stadt und Umland, Hg. Erich Maschke und Jürgen Sydow, Stuttgart 1974 (vor allem wirtschaftliche Beziehungen)

Städtisches Haushalts- und Rechnungswesen, Hg. Erich Maschke und Jürgen Sydow, Sigmaringen 1977 (spezielle Aufsätze zu einzelnen Städten)

Hans Mauersberg, Wirtschafts- und Sozialgeschichte zentraleuropäischer Städte in neuerer Zeit, Göttingen 1960 (ausführlicher zu Einwohnerzahl, Rechtsstellung und sozialer Gliederung)

Michel Mollat, Die Armen im Mittelalter, München ^{2}1987 (vielseitige Ansätze, weitgehend auf französische Forschung gestützt)

Karl Pagel, Die Hanse, Braunschweig 1983 (anschaulich, gut bebildert, für Schüler interessant)

Henri Pirenne, Sozial- und Wirtschaftsgeschichte Europas im Mittelalter, München ^{3}1974 (allgemein gehaltene Darstellung zu Stadt, Bürgertum und Wirtschaft)

Hans Planitz, Die deutsche Stadt des Mittelalters. Von der Römerzeit bis zu den Zunftkämpfen, Köln [3]1973 (älteres Standardwerk)
Götz von Pölnitz, Die Fugger, Tübingen 1970 (sehr detailliert)
Die Stadt am Ausgang des Mittelalters, Hg. Wilhelm Rausch, Linz 1974 (zur Unterrichtsvorbereitung)
Fritz Rörig, Die europäische Stadt und die Kultur des Bürgertums im Mittelalter, Göttingen [4]1964 (grundlegendes Werk zum Bürgertum)
Rolf Sprandel, Das mittelalterliche Zahlungssystem, nach hansisch-nordischen Quellen des 13.–15. Jahrhunderts, Stuttgart 1975 (enthält gut verständliche Darstellungen zum Geldwesen)
Heinz Stoob, Forschungen zum Städtewesen in Europa, Bd. 1, Köln 1971 (grundlegende Forschungsergebnisse)

Thematisches Stichwortregister

Nebeneinander von Stadtherrn und Bürgeransiedlung: Abb. 1, 2, 5, 6, 7 und 8
Pflichten gegenüber dem Stadtherrn: Q. 44, 46, 49, 50 und 85
Auseinandersetzungen mit dem Stadtherrn: Q. 48 und 49
wirtschaftliche und gerichtliche Privilegierungen: zu Abb. 5 und 6; Q. 1, 2, 3, 4, 5, 7 und 8
Kampf um wirtschaftliche Macht: Q. 1, 75, 76 und 80
wirtschaftliche Regalien: Q. 6
Wirtschaftsrecht: Q. 5, 56 und 74
Geld- und Zollpolitik: Abb. 9; Q. 1, 3, 36, 50, 81, 82 und 83
Freiheitsrechte der Bürger: Q. 2, 5, 39, 40, 41 und 84
Neubürger: Q. 13, 15, 17 und 42
Standesunterschiede der Stadtbewohner: Q. 9
Berufe: Abb. 16, 17, 18, 19, 23, 26, 27 und 32; Q. 16, 17, 24, 25, 26, 31, 32 und 63
Lebens- und Wohnverhältnisse: Abb. 1, 2, 4, 5, 6, 8, 19, 20, 24, 26 und 29; Q. 9, 14, 15, 22, 27, 28, 55, 57, 59 und 60
Zünfte: Abb. 27; Q. 23, 24, 26, 29, 30, 33, 34 und 51
Armut und Wohlstand: Q. 18, 19, 20, 21, 26, 28, 57 und 60
Arbeitskämpfe: Q. 38 und 29
innerstädtische Unruhen: Kap. III. 2.
militärische Leistungsfähigkeit der Städte: Q. 10, 85 und 86
Vorsorge für die Sicherheit der Bürger: Abb. 4, 5, 6, 27 und 28; Q. 2, 62 und 87
Reglementierungen des Lebens in der Stadt: Q. 4, 24, 42, 44, 53, 54, 55, 57, 58, 60, 63 und 64
volkswirtschaftliche Einordnung der Stadtwirtschaft: Abb. 11, 12, 14, 34 und 35; Q. 12, 71 und 80
Wirtschaft – überregional und international: Abb. 33, 36 und 38; Q. 1, 7, 22, 65, 66, 67, 68, 69, 71, 72, 73, 77, 78 und 79
Handelsgesellschaften: Abb. 38; Q. 20, 21, 77, 78, 79 und 80
Störungen und Schutz des Handels: Abb. 10; Q. 1, 2, 3, 5, 36 und 70
Handelsgüter: Abb. 33 und 38; Q. 63, 65, 68, 69, 71, 73, 77, 78 und 79
Arbeitsbelastung und Risiken der Kaufleute: Q. 21, 22, 68, 69, 70, 72, 73, 75, 77 und 83

Bildnachweis

Archiv für Kunst und Geschichte, Berlin: 35; Hermann Aubin, in: Die Stadt des Mittelalters, hrsg. v. Carl Haase, Bd. 2, Wissenschaftliche Buchgesellschaft, Darmstadt 2. Aufl. 1976, S. 226–254: 80; aus: Hellmut Diwald, Anspruch auf Mündigkeit, Propyläen Geschichte Europas, Bd. 1, Frankfurt a. M./Berlin/Wien 1975, S. 408: 103; aus: Philippe Dollinger, Die Hanse, Alfred Kröner Verlag, Stuttgart 1966, Karte 4: 114/115; aus: Edith Ennen, Frauen im Mittelalter, Beck, 4. überarb. Aufl. München 1987: 46; Erdmann nach Gläser 1985, Hammel 1984 u. 1987, Stoob 1984: 110; Germanisches Nationalmuseum, Nürnberg: 71; aus: Geschichtlicher Handatlas Niedersachsen, hrsg. v. Hans Patze, Karte Göttingen um 1400, bearb. v. Martin Lastt, Sven Schütte, Helge Steenweg: 44; aus: Karl Gruber, Die Gestalt der deutschen Stadt, Verlag Georg D. W. Callwey, München 3. Aufl. 1977, S. 33, S. 35, S. 45: 7, 8, 11 u; nach: J. Heers (360), Fig. 5, S. 172: 120; aus: Friedrich-Wilhelm Henning, Das vorindustrielle Deutschland 800–1800, Schöningh, Paderborn 3. Aufl. 1977, S. 84, S. 85, S. 171: 25 o, m, 104 o, u, 105 o; aus: Friedrich-Wilhelm Henning, Landwirtschaft und ländliche Gesellschaft in Deutschland, Bd. 1, 800 bis 1750, Schöningh, Paderborn 2. Aufl. 1985: 26; Historisches Bildarchiv, Bad Berneck: 109; Kultur- und Fremdenverkehrsamt der Stadt Nördlingen: 9; Stadt Langenburg, Verkehrsamt: 10 o; aus: Ilse Möller, Hamburg, Ernst Klett Verlag, Stuttgart 1985, S. 35: 8; Rheinisches Landesmuseum, Trier: 15 r; aus: Rodoricus Zamorensis, Der Menschen Spiegel, Augsburg 1488, Wien, Österreichische Nationalbibliothek: 39; Josef Rosen, in: Städtisches Haushalts- und Rechnungswesen, 12. Arbeitstagung des südwestdeutschen Arbeitskreises für Stadtgeschichtsforschung, Bd. 2, hrsg. v. Erich Maschke und Jürgen Sydow, Thorbecke Verlag, Sigmaringen 1977, S. 63: 88; Foto nach A. Schramm, Titelbild u; W. L. Schreiber, Handbuch der Holz- und Metallschnitte des 15. Jahrhunderts, 4, 1927. Nr. 1963, Einblattdrucke des 15. Jahrhunderts, hrsg. v. P. Heitz, 64, 1928. Nr. 12: 50; Staatsarchiv Hamburg: 75; Staats- und Stadtgalerie Augsburg: 67; aus: Die Stadt des Mittelalters, hrsg. v. Carl Haase, Bd. 3, Wissenschaftliche Buchgesellschaft, Darmstadt 1973, S. 68: 105 u; aus: Stadt im Wandel, hrsg. v. Cord Meckseper, Bd. 2, Braunschweigisches Landesmuseum, Stuttgart 1985, S. 1383, S. 1370, S. 1328/29: 63, 85, 92/93; Stadtverwaltung Lübeck: 87; nach: H. Stoob, Forschungen zum Städtewesen in Europa, Bd. 1, Köln/Wien, 1970, S. 21: 25 u; aus: Arthur Suhle, Hohenstaufenzeit im Münzbild, Hirmer Verlag, München 1963, Abb. 9: 15 l; Universitätsbibliothek Gießen: 82; Hanno Vasarhelyi, in: Stadt und Umland, Protokoll der 10. Arbeitstagung des südwestdeutschen Arbeitskreises für Stadtgeschichtsforschung, hrsg. v. Erich Maschke u. Jürgen Sydow, Kohlhammer Verlag, Stuttgart 1974, S. 146: 28; nach: Westermanns Großer Atlas zur Weltgeschichte, 8. Aufl. Braunschweig 1972, S. 82: 96